UMA
ESCOLA
CHAMADA
Deserto

Michel Abrão Ferreira

UMA ESCOLA CHAMADA Deserto

SÃO PAULO, 2021

Uma escola chamada Deserto

Copyright © 2021 by Michel Abrão Ferreira
Copyright © 2021 by Novo Século Editora Ltda

Editor: Luiz Vasconcelos
Coordenação editorial: Silvia Segóvia
Preparação: Deborah Stafussi
Revisão: Fabrícia Carpinelli e Andrea Bassoto
Diagramação: Manoela Dourado
Capa: Plinio Ricca

Texto de acordo com as normas do Novo Acordo Ortográfico da Língua Portuguesa (1990), em vigor desde 1º de janeiro de 2009.

Dados Internacionais de Catalogação na Publicação (CIP)
Angélica Ilacqua CRB-8/7057

Ferreira, Michel Abrão
Uma escola chamada Deserto / Michel Abrão Ferreira.
-- Barueri, SP : Novo Século Editora, 2021.
136 p.

ISBN 978-65-5724-021-2

1. Autoajuda 2. Superação I. Título

21-0938   CDD 158.1

Índice para catálogo sistemático:
1. Autoajuda 158.1

GRUPO NOVO SÉCULO EDITORA LTDA
Alameda Araguaia, 2190 – Bloco A – 11º andar – Conjunto 1111
CEP 06455-000 – Alphaville Industrial, Barueri – SP – Brasil
Tel.: (11) 3699-7107 | Fax: (11) 3699-7323
www.gruponovoseculo.com.br | atendimento@novoseculo.com.br

Prefácio

Entre as coisas fundamentais na vida de um ser humano, a alfabetização se figura entre as mais importantes, e é na escola que se desenvolvem a técnica e o conhecimento necessário para tal. Que bom seria se uma criança de seis ou sete anos, no início de sua alfabetização, tivesse em sua consciência o entendimento suficiente para saber a diferença que uma escola pode fazer em sua vida.

A escola é um lugar onde se aprende muito, não só a ler e a escrever, mas também a viver. É mais que uma instituição de ensino, é um local onde cidadãos são formados. Um lugar onde o conhecimento de alguns é compartilhado entre muitos outros, dando-lhes a oportunidade de aprender coisas que levarão para a vida toda. É um local de entrega, de amor, de emoções, de muito trabalho e muita energia empregada.

As diversas escolas pelas quais passei me ensinaram muito e, com certeza, ajudaram em minha formação, mas a mais eficiente de todas foi, sem dúvida, a escola da vida. Com ela aprendemos a nos levantar quando caímos e a passar pelos obstáculos, derrubando-os ou não. É na escola da vida que aprendemos a lutar e a resistir aos ataques. É nela que aprendemos a andar, a correr, a falar, a gritar, a chorar de alegria ou de emoção, aprendemos a nos emocionar. Aprendemos a amar, a respeitar; aprendemos sua essência, que é saber viver.

Na escola da vida todos nós somos alunos e professores. É um aprendendo com o outro. Nem sempre a escola da vida é justa, uns pagam um preço maior do que outros, mas, no final, todos aprendem. Na escola da vida conhecemos pessoas fantásticas, pessoas que nos inspiram, que nos motivam e que nos impulsionam.

A perspectiva que eu quero mostrar neste livro não é de quem ensina e, sim, de quem aprende. Quero refletir sobre a vida sob o olhar de um aluno que, além das dificuldades comuns de um processo de aprendizagem, é obrigado a lidar com situações adversas que extrapolam a grade curricular. Situações que podem ir aos extremos porque, ao mesmo tempo em que podem destruir um ser, podem também fazê-lo crescer. Tudo depende de como vamos encarar as dificuldades. É aquela velha história do copo pela metade, em que alguns olham e acham que está quase vazio e outros olham e pensam estar quase cheio. Tudo depende do ponto de vista, de como vamos enxergar as coisas.

Certo dia, o diretor de uma fábrica de calçados enviou dois funcionários a um país muito pobre para uma sondagem sobre o mercado comercial. A intenção era montar uma filial naquele país. Quando os dois funcionários voltaram, o diretor os chamou separadamente para uma conversa. O primeiro entrou desanimado e, ao ser questionado pelo diretor sobre sua perspectiva do país, respondeu desanimado.

– Naquele país ninguém usa sapatos, andam apenas descalços ou, quando muito, usam somente sandálias. Investir em uma fábrica naquele lugar seria um desperdício.

Seu diretor o agradeceu pela dedicação e, após dispensá-lo, mandou que entrasse o outro funcionário que também havia viajado ao país pesquisado. A resposta foi muito divergente.

— Chefe, nós temos uma oportunidade de ouro naquele país. Lá ninguém tem sapatos. Se montarmos uma fábrica vamos vender demais. Precisamos fazer isso antes que alguém tenha a mesma ideia.

Os dois funcionários viram a mesma coisa, porém em perspectivas diferentes, cada um de acordo com sua visão. Também podemos fazer isso com o que aprendemos, usando nosso conhecimento de acordo com nossa visão e encarando nossos problemas, tornando-nos mais fortes ou mais fracos.

Algo semelhante aconteceu quando Moisés enviou os doze espias para sondar a terra prometida para saber o que iriam enfrentar quando lá chegassem. Quando voltaram, alguns estavam desanimados porque viram cidades fechadas por grandes muros como se fossem verdadeiras fortalezas e habitadas por homens gigantescos e fortes. Entretanto, dois deles viram com outros olhos, animados com a fertilidade do solo e a qualidade dos frutos, desejando fortemente habitar aquelas terras (Nm 13).

O objetivo principal deste livro é mostrar que podemos tirar proveito dos momentos ruins e superar as dificuldades.

Introdução

Por incrível que possa parecer, normalmente aprendemos mais com os momentos difíceis do que com os bons momentos. Os momentos felizes ocultam os problemas e ofuscam a consciência; obviamente, não precisamos deixar de vivê-los, muito pelo contrário, devemos persegui-los e curti-los intensamente, mas são apenas momentos pontuais. As vitórias nos fazem esquecer das dificuldades e dos erros que cometemos durante a vida. Quando chegamos ao ápice, tudo o que fizemos de errado é deixado de lado, afinal, vencemos.

Nas dificuldades e nas derrotas paramos para analisar cada erro a fim de corrigi-los. Nossos erros não são apenas erros, são oportunidades que temos de nos corrigir e aprender. Nos momentos de maior dificuldade é que paramos para pensar e para tomar decisões importantes, e nossa vida é formada por decisões.

Em Eclesiastes 7:2 está escrito que "é melhor ir a uma casa onde há luto do que a uma casa em festa, pois a morte é o destino de todos; os vivos devem levar isso a sério".

Reflita sobre esse pensamento. Nas festas nos divertimos, jogamos conversa fora e, quando esse momento termina, seguimos nossa vida normalmente, sem levar dali muito aprendizado, salvo as exceções. Entretanto, quando vamos a um velório ou visitamos alguém em sofrimento, não passamos por momentos prazerosos, mas paramos para pensar sobre nossas atitudes e saímos de lá refletindo sobre a vida, e com isso aprendemos demais.

Quero dividir com você a história de um homem que aprendeu a extrair coisas boas dos maus momentos. Um homem que se fortaleceu fazendo da adversidade uma oportunidade de melhorar sua vida. Como diz o ditado, fez do limão uma limonada.

Rafael Benedito Koval é diretor-presidente de uma grande empresa de prestação de serviços. É um homem respeitado, tem muitos amigos e é pai de uma grande e linda família. Aos cinquenta anos, o senhor Benedito está no melhor momento de sua vida. Exerce papel de liderança na comunidade em que vive e é admirado por muitas pessoas; por muitas, não por todas. Enfrenta forte concorrência, dentro e fora da empresa, mas isso não o intimida. É um homem forte e resiliente, acostumado a lidar com situações adversas.

Hoje é um dia importante na vida do senhor Rafael. Embora as palestras tenham se tornado rotina em sua vida, hoje não será simplesmente uma palestra, e, sim, uma entrevista para uma grande emissora de TV, num programa de muita audiência. Um público novo vai ouvi-lo falar sobre um dos livros que escreveu sobre cidadania.

Em outro momento de sua vida, num passado distante, estaria tenso, nervoso e talvez nem agendasse essa entrevista; entretanto, está muito confiante e tranquilo, com a certeza de que tudo sairá bem, pois é eloquente, manuseia bem as palavras e tem total domínio sobre o assunto sobre o qual vai falar e sabe controlar suas emoções, ou seja, a situação está sob controle.

Esse homem está acostumado a fazer palestras e a falar para muitas pessoas, porém não foi sempre assim. Sentado em sua cadeira, onde sempre gostou de ficar, concentrando-se para a entrevista que aconteceria em algumas horas, vem à lembrança a sua infância e como tudo começou. Em sua mente a visão de que sua vida tinha tudo para dar errado – ele tinha muitos motivos para desistir ou mesmo para nem começar –, porém, decidiu fazer diferente e soube aproveitar as oportunidades.

Capítulo 1

Numa pacata cidade, bem pequena, no interior do estado, havia uma escola que depois de um longo período de férias estava preparada para receber seus alunos para o início do ano letivo. De um lado, diretora e professores aguardavam ansiosamente para rever a turma do ano anterior e também para conhecer seus novos alunos que iriam começar uma trajetória importantíssima na vida de um ser humano, a alfabetização.

Primeiro dia de aula! Do outro lado, expectativa, curiosidade, insegurança e medo. Tudo, menos vontade de aprender. Os pais disseram que seria legal, mas na cabeça de Rafael, legal mesmo é jogar futebol com os amigos, jogar bolinhas de gude e brincar no quintal de casa com seus poucos carrinhos feitos de madeira. Ainda não tinham chegado os carrinhos eletrônicos e muito menos os avanços tecnológicos, como *videogames*, celulares e computadores.

Rafael terá que sair de sua zona de conforto e do ambiente que domina para ir a um local totalmente novo e cheio de crianças, algumas de sua idade e, outras, a maioria, mais velhas. O problema são as mais velhas; elas dão medo, são folgadas e acham que podem dominar as mais novas. Na prática dominam, são maiores e mais fortes.

Seus amigos mais próximos, apesar de zombadores, já estão acostumados com sua gagueira, mas expor a dificuldade de fala, que se tornara seu ponto fraco, a centenas de pessoas, não fazia parte de seus planos, pelo menos não tão cedo.

Enfim, chegou a hora de encarar a realidade da vida, a primeira de muitas outras. A chegada não pareceu tão difícil. Entre a multidão havia alguns rostos conhecidos e seu único desafio era perguntar a alguém, a uma só pessoa, onde era a sua sala e como deveria proceder. Uma mulher adulta com cara de professora foi a escolhida.

– Por-por-por fa-favor, onde se-será a minha sa-sa-sala?

De forma muito respeitosa, mas com ar de riso, a moça respondeu:

– Bem-vindo à Escola Deserto! Qual é o seu nome?

– Ra-Ra-Rafael.

Procurando numa lista, que ela havia colocado na frente do rosto para esconder o riso, a moça responde:

– Você é da classe da Tia Geni, do pré-primário. Vou te mostrar onde fica a sua turma.

Rafael imaginou que haveria muitos alunos em sua classe e o fato de encará-los dava medo, mas foi em frente corajosamente.

Chegando lá havia uma fila formada por alunos que esperavam para receber as instruções antes de entrarem na sala de aula. Pacientemente, aguardou ali o soar do sino que indicaria a hora em que todos deveriam fazer silêncio e se prepararem para entrar na sala de aula.

A falação era geral, só ele estava quieto, sem falar com ninguém. Olhou para trás e percebeu que àquela altura já não era mais o último da fila, e que em sua sala haveria mais alunos do que imaginara. Começou a contar disfarçadamente e, já apavorado, parou no vigésimo. Não teve coragem de continuar. Se estava triste achando que ia encarar muitos colegas de classe, agora estava em pânico, sabendo que seriam mais do que havia imaginado. Suas pernas estavam trêmulas e sua respiração estava um pouco mais ofegante do que de costume.

O sino toca e Rafael percebe que não tinha mais o que fazer a não ser encarar a realidade. A vontade era sair correndo dali, mas não tinha como fugir. Logo em seguida, as coisas se acalmaram e uma voz suave e doce os cumprimentou:

– Bom dia, meus amores! Eu sou a tia Geni e serei a professora de vocês. Sigam-me em fila porque vou lhes mostrar a nossa sala de aulas.

Ao entrar na sala, com carteiras duplas, enquanto a maioria procurava se sentar mais ao fundo, Rafael procurou logo as primeiras cadeiras para ficar mais próximo da professora. Não, ele não estava preocupado em aprender mais. É que perto da professora ele pensou que poderia falar baixo com ela sem que a classe toda percebesse sua disfluência.

A professora esperou a classe se acomodar, pediu silêncio e se apresentou. Falou da alegria de recebê-los no Grupo Escolar Deserto e que seria sua professora durante o ano todo. Tudo parecia bem até que tia Geni, após fazer uma chamada oral para verificar a presença de todos os matriculados, disse que queria conhecê-los melhor e, para isso, pediu para cada um se apresentar dizendo o próprio nome e também os nomes dos pais. Rafael entrou em pânico. Todo exercício mental para superar as barreiras que a fala lhe impunha foi esquecido naquele momento e sua reação foi chorar diante de todos. No primeiro dia de aula, antes de se apresentar, e antes mesmo de expor o que mais lhe afligia, Rafael passou a ser conhecido como o menino chorão. Ninguém podia entender o motivo do choro daquele menino. Enquanto a professora o abraçava na tentativa de acalmá-lo, a classe toda se acabava em gargalhadas.

Sem dizer uma só palavra, Rafael levou a mão ao estômago e simulou uma insuportável dor. Seus colegas pararam imediatamente de rir e a preocupação foi geral, principalmente por parte de tia Geni. Rafael se livrou do problema naquele dia, pois foi dispensado e autorizado a voltar para casa. Na escola imaginaram que ele não havia se alimentado direito e os funcionários estavam acostumados a verem alunos passando mal por causa disso.

A solução encontrada por Rafael não foi definitiva, mas deu-lhe fôlego e permitiu que ele se livrasse do vexame de chorar sem motivo na frente de todos os colegas, e ainda mais no primeiro dia de aula. Em casa, sua mãe fez chazinho, deu bolachinhas e ele voltara para sua zona de conforto, pelo menos por um dia.

No dia seguinte a batalha recomeçou. O Grupo Escolar Deserto o esperava com todos os problemas do dia anterior, nada havia mudado, a não ser pelo fato de já saber o nome da professora e a qual sala deveria se dirigir. Nem a fila mudara. A fila se tornou rotina diária antes de entrar para a sala de aula e a mesma música era cantada todos os dias.

> *"Marchando, marchando, vou indo para a sala*
> *Eu sei que silêncio terei que fazer*
> *E as professoras gostarão de ver".*

Rafael cantava bem alto para todos ouvirem, sua voz se destacava. A gagueira não acontece quando se canta. Dentro da sala de aula, a tortura recomeçava a cada dia. A tensão era total e constante, pois a qualquer momento a professora poderia lhe fazer alguma pergunta. Ele já era a referência de humor da sala. Todas as vezes que ia falar era precedido pelas gargalhadas da classe e os apelidos se tornaram inevitáveis. Motoca, metralhadora, motosserra, entre outros.

Capítulo 2

O Deserto passou a ser um lugar de tortura para aquele menino que sofria calado e não tinha coragem de contar para ninguém, nem mesmo para os seus pais, sobre o seu sofrimento. É o que acontece, muitas vezes, com crianças que sofrem preconceito e essa violência chamada de *bullying*; acabam escondendo dos pais. Uns por terem medo da reação dos pais, outros imaginam que podem decepcioná-los, outros, ainda, por orgulho, pois não querem passar um ar de fraqueza para seus pais. Muitos podem ser os motivos que os levam a esconder tamanho sofrimento, mas a realidade é que a maioria prefere não contar a ninguém. Eles não imaginam que, falando, podem receber ajuda, e nem conseguem mencionar o estrago emocional que tudo isso pode lhes causar. Por outro lado, também podem aprender muito com essa situação adversa.

Os dias de Rafael não eram fáceis. Os apelidos, as provocações e as imitações sempre o faziam chorar, e sempre às escondidas, pois seria uma vergonha a mais se alguém o visse chorando.

Uma simples lição pedagógica em sala de aula que exigisse a fala poderia se transformar em uma batalha a ser vencida.

O tempo foi passando e Rafael foi se tornando cada vez mais introvertido e tímido, fugindo de conversas e evitando falar para não se constranger. Para ele, a escola nunca deixou de ser um campo de batalha, um local de geração de conflitos; entretanto, o menino foi superando seus fantasmas dia após dia.

Rafael não sofria só com o *bullying* praticado contra ele, mas, por solidariedade, passou a incomodar-se também com o que faziam contra outros estudantes que tivessem alguma diferença. Ele foi aprendendo a se colocar no lugar dos outros que, como ele, sofriam com os ataques psicológicos e emocionais. Havia os que usavam óculos, meninas consideradas feias, obesos, magros demais, negros e até Antônio, um garoto que tinha uma restrição física por causa de uma paralisia na perna direita adquirida quando ainda era bebê, e que por causa das provocações vivia se estranhando e rolando no chão com seus zombadores, trocando socos e defendendo sua honra. Mais tarde viria a ser um dos melhores amigos de Rafael.

O *bullying* acontecia simplesmente pelo fato de serem diferentes da maioria. Era praticado por aqueles que se achavam superiores aos demais. O que chama a atenção é que o fato de ser diferente em alguns aspectos, por mais que a pessoa seja normal, a faz ser julgada e hostilizada como se pertencesse a uma categoria inferior de ser humano.

As provocações sofridas por Rafael não ficaram restritas à sua dificuldade de fala. O fato de ele ser gago o fragilizou a ponto de muitos garotos o considerarem um idiota e sem inteligência nenhuma, e muitos o tratavam assim. Ele sempre ficava fora das brincadeiras, nunca era escolhido para os trabalhos em grupo, sempre formava grupo com os que, como ele, sobravam.

Até no futebol, mesmo tendo certa habilidade para o esporte, Rafael ficava de fora, pois não conseguia se desenvolver por causa do bloqueio pelo preconceito de seus colegas.

O lanche oferecido pelo Deserto, na maioria das vezes, era sopa. Era servida em um prato de alumínio, em formato de uma pequena bacia. A cada dia era oferecido um sabor diferente: tinha sopa de macarrão, de fubá, de legumes e, de vez em quando, uma vez por semana, ofereciam macarronada ou leite de soja com chocolate e bolachas; estes dois últimos eram os preferidos de Rafael.

Era muito comum quando Rafael estava com seu prato de sopa nas mãos alguém passar e bater propositalmente, derrubando sua merenda. Sempre chegava em casa com o uniforme sujo e levava uma bronca, mas nunca teve coragem de contar a verdade para não parecer um medíocre fracote que sempre era zoado. Ele mantinha em casa uma postura de menino esperto vivendo dentro da normalidade. Aliás, quando estava em casa, Rafael era muito diferente. Era bem falante, pois ali era seu ambiente. Ao brincar com seus colegas na rua parecia tudo tranquilo, ele conversava normalmente e mantinha, inclusive, certa liderança.

No Deserto não era assim. Rafael se tornou um garoto pensativo, vivia no mundo da lua. Pensava sempre em como se livrar daquele constrangimento que sofria. Sua gagueira o torturava, mas, no fundo no fundo, ele sentia pena daqueles meninos e meninas que passavam a vida zombando dos outros. Parecia até que tinha uma força superior que cuidava daquele menino e que o orientava sempre em suas decisões. Rafael se tornou um bom observador e passou a conhecer, dentro das limitações de um garoto da sua idade, cada tipo de ser humano, e, por incrível que pareça, aprendeu a amar a cada um. Mais de uma vez, ele chegou a ser agredido fisicamente, porém nunca revidava.

Capítulo 3

Rafael admirava Antônio, um garoto que, mesmo com suas limitações físicas e sofrendo com as zombarias quando começou a estudar no Deserto, conseguiu superar e conquistar o respeito de todos. Conseguiu isso mantendo-se paciente na hora das gozações e aproveitando a força de seus braços, que pareciam ter recebido uma espécie de compensação pela deficiência de uma das pernas. Ele era muito forte. Quando alguém o provocava, ele fixava seu olhar na pessoa, marcava bem a fisionomia e não esboçava nenhuma reação. Passavam os dias, o outro se esquecia, mas Antônio não. E quando o garoto que havia zombado dele passava por perto, era agarrado com uma força descomunal e jogado ao chão, e ali começava a briga.

Você pode estar pensando que Rafael não deveria admirar alguém que brigava com troca de socos, mas, realmente, não era por isso que Rafael admirava Antônio. As reações de Antônio ensinaram muito a Rafael, porém não foi a parte da briga, pois Rafael não tinha coragem de trocar socos com seus colegas. A lição que ele tirou foi que Antônio sempre levava seu adversário para o seu campo de batalha. No chão, todos ficavam nivelados porque não usavam as pernas e, assim, a luta era de igual para igual, e como Antônio tinha braços fortes, sempre vencia, e com isso foi adquirindo respeito. Depois de um tempo, ninguém no Deserto tinha coragem de provocá-lo.

Rafael aprendeu o ditado popular que diz: "Na casa de sapo, de cócoras com ele". Se quisermos vencer uma batalha temos que trazê-la para nossa zona de segurança, para um campo em que possamos dominar nossos adversários. Por isso, saber contra quem estamos lutando é fundamental para vencermos a luta. Informação é essencial.

Desde que Adão e Eva pecaram, o maligno dominou a Terra e tem levado muitos de nós à morte. Para lutarmos contra esse mal é necessário nos fortalecermos e sairmos do campo dele. Se estivermos com os pés atolados no pecado, não vamos jamais vencê-lo porque ali é um local que ele domina. Precisamos tirá-lo dali se quisermos ter chances de lutar. O que fazer, então? Primeiramente, precisamos nos movimentar em uma direção que nos tire do pecado. Depois que conseguirmos tirar os nossos pés da lama e nos afastar, o inimigo virá furioso para nos buscar de volta. Então, inicia-se a batalha, só que, dessa vez, em um campo neutro, no qual o maligno não domina. Você sabe do que estou falando.

A direção que precisamos buscar é a Palavra de Deus. Só ela pode nos dar as armas necessárias para lutarmos contra nosso inimigo. A única ferramenta eficiente, capaz de nos tirar do lamaçal do pecado, chama-se Jesus Cristo. Crer em Jesus nos faz sair do campo de domínio de satanás e nos traz para um campo de batalha que nos favorece, pois Cristo se entregou na cruz justamente para nos purificar de todo pecado.

Muitas vezes, Rafael se perguntava por que tinha sido escolhido para ter a gagueira. Entre tantos outros garotos na sua cidade, por que ele. Seria o fato de haver sofrido alguma consequência genética? Seu irmão mais velho, seu tio, sua tia, todos sofriam também de disfluência. Essa pergunta, muitas vezes, é feita pela maioria de nós quando estamos vivendo um momento de adversidade. Por que estou desempregado? Por que sofro dessa doença? Por que isso aconteceu comigo? São muitos porquês e, na maioria das vezes, sem respostas, mas o questionamento quase nunca é feito sobre os benefícios ou sobre os momentos de maior alegria, ou seja, questionamos os maus, porém nem queremos refletir sobre os bons momentos.

Rafael não pertencia a uma família rica, pelo contrário, seus pais pelejavam muito para manter os quatro filhos, dos quais Rafael era o mais novo, sendo uma mulher a primogênita, e três homens (muitos anos depois, quando Rafael já completava quinze anos, nasceria o quinto filho do casal, estabelecendo-se como o novo caçula). O pai, senhor Duca, um homem incansável, trabalhava como caminhoneiro e chegava a ficar quinze dias fora de casa, sempre batalhando arduamente para garantir o sustento da família; e a mãe, Sara, correndo com os serviços domésticos e lutando muito para manter tudo em ordem, inclusive organizando as finanças da casa. Uma verdadeira guerreira que não deixava a peteca cair.

Sara era uma mulher que cuidava dos filhos e da casa como ninguém. Ela não tinha o hábito de beijar seus filhos ou pegá-los no colo, como fazia o senhor Duca, seu marido. Seu modo de demonstrar amor era diferente, era cuidando de cada um de forma única. As cuecas e meias de Rafael tinham a letra R bordadas à mão, assim como as de seus irmãos tinham também as iniciais de seus respectivos nomes. Os filhos de

Sara iam para a escola todos os dias com uniformes limpos e bem passados. Alimentação simples, porém sempre na hora certa. Sara nunca deixou de fazer a comida e colocá-la à mesa. Sua forma de carinho era diferente, não era com beijos e abraços, mas com cuidados especiais com cada um. Rafael nunca duvidou do imenso amor que sua mãe sentia por seus filhos, pois era capaz de enxergá-lo nas atitudes dela.

Não era fácil. Quando um deles aparecia com piolho, todos os outros também eram infestados pelo pequeno parasita e ela tinha que cuidar de quatro cabeças. Assim também quando pegavam bicho de pé, ou bicho de porco, como era conhecido por eles. Eram tirados um a um com a ponta de uma agulha. Muitas roupas para lavar e passar, além das lições escolares, que ela olhava uma a uma e os ajudava a fazer.

Duca era mais afetivo, abraçava, pegava no colo, entretanto, era muito severo com a educação dos filhos. Embora distante por causa do trabalho, participava e controlava a educação de todos. Duca tinha crédito no comércio da cidade e ia até alguns deles e autorizava sua esposa e filhos a comprarem o que era preciso, e, quando voltava de viagem, acertava a conta. Logicamente, Rafael, às vezes, abusava nos doces e sorvetes.

Rafael tinha uma forte ligação com o pai. O caminhão com o qual Duca trabalhava possuía uma buzina muito forte, acionada por sistema de ar comprimido, e era ouvida de muito longe. Todas as vezes que estava chegando de uma viagem, Duca acionava a buzina faltando dois ou três quilômetros, e Rafael parava o que estava fazendo para receber seu pai em sua chegada.

O caminhão tinha também um toca-fitas TKR, e Rafael dormia na cabine ouvindo modas de viola, a maioria delas cantada pela dupla Tião Carreiro e Pardinho. Seu pai, apesar de gostar muito das músicas e ouvi-las durante suas viagens, não suportou o aperto no peito ao lembrar do filho deitado na boleia do caminhão com o som ligado baixinho, a ponto de mandar tirar o toca-fitas do caminhão e instalar em uma caixinha de 12 volts e deixar em casa para o menino ouvir suas modas de viola.

Alguns momentos que marcaram muito a infância de Rafael de forma positiva era quando faltava energia elétrica na cidade. Como isso acontecia com certa frequência, seus pais reuniam a família em volta da mesa com uma vela acesa e ficavam contando histórias de seu passado. Quando Duca estava em viagem, Sara fazia isso sozinha, mas quando coincidia de estar em casa, Duca fazia questão de contar muitas histórias de sua infância.

Era um momento especial, que hoje em dia não se vê mais: a família reunida em volta de uma mesa apenas para conversar e dar risada. Os filhos recebem muitas lições e conceitos de valores nesses encontros.

A época de Natal também era muito especial para aquela família. Duca e Sara reuniam os filhos para confraternizarem entre si e saborearem uma deliciosa leitoa assada feita com muito carinho por Sara. Ela usava o forno a lenha da padaria que pertencia ao Beto, seu irmão, e à Fátima, sua irmã. O forno a lenha ajudava a leitoa a ficar pururuca, sua pele quebrava com um toque do cabo da faca.

Na noite de Natal, depois que todos dormiam, os pais colocavam presentes embaixo das respectivas camas e, no dia seguinte, quando acordavam, era aquela festa. Os presentes não eram caros ou sofisticados, mas eram recebidos com muita alegria. Normalmente, era uma bola dente de leite para uso comum dos meninos e uma boneca para a irmã mais velha.

Teve um Natal que Duca havia conseguido juntar um bom dinheiro e nesse, sim, conseguiu comprar presentes para toda a família. Sara ganhou uma enceradeira elétrica e pôde abandonar seu velho escovão; a irmã mais velha recebeu uma máquina de escrever Olivetti portátil; os dois irmãos do meio ganharam um relógio cada um e Rafael foi presenteado com um caminhãozinho tanque, réplica de um daqueles que transportam combustíveis e muito parecido com o caminhão que seu pai trabalhava, só que transportando leite para uma grande indústria de iogurte.

Capítulo 4

No Deserto continuava a luta do menino gago. Na sala de aula, enquanto a professora escrevia com giz num quadro verde, o garoto ficava viajando em seus pensamentos e não escrevia a matéria aplicada. Quando se dava conta, a professora já estava apagando o quadro. Sua mãe, quando via seu caderno vazio, ficava muito brava, dava-lhe umas boas broncas, de vez em quando até umas chineladas, e depois saía para a casa de um dos colegas de Rafael para pegar o caderno emprestado, e ela mesma copiava a matéria para que o menino estudasse nos dias de prova.

Num determinado período de sua vida, aos oito anos de idade, Rafael sentiu que as coisas em casa não iam muito bem. Ele sempre via sua mãe chorando muito no quarto e pelos cantos da casa sem conseguir dar explicação. Ela chorava o tempo todo e saía do quarto quase que se arrastando para dar conta das obrigações domésticas, e sempre dava, apesar do sofrimento. Ela havia sido acometida por uma forte depressão, que naquela época ainda não era diagnosticada.

Duca parou de viajar, vendeu parte de um lote de terreno que era grande, onde havia um pomar, um campinho de futebol e uma plantação de milho, construiu uma mercearia e decidiu ficar mais perto da família. Com a doença de Sara, a família havia perdido um de seus pilares de sustentação. Foi um desacerto geral e muita briga na família, e o menino Rafael sofreu durante anos sem entender muito bem o que estava acontecendo. Logicamente, isso afetou ainda mais sua gagueira, mas Rafael seguiu em frente, sem muitos objetivos, mas permaneceu na esperança de que tudo acabaria bem.

No Deserto, as provocações a Rafael continuavam. Seu incômodo com a situação era visível. O *bullying* causa sequelas que nem sempre são aparentes, pois, na maioria das vezes, ele atinge a alma. Era assim que aquele menino se sentia, com sua alma ferida.

Apesar de ser ainda uma criança, Rafael tinha um bom discernimento do que era certo ou errado e decidiu logo cedo que tudo aquilo que ele passava não afetaria seu comportamento como pessoa e buscava ser um bom menino. Ele queria ser um vencedor e concentrava seus pensamentos nessa possibilidade, apesar de sempre achar que sua realidade não era favorável.

Mais um ano se passou e aquela fase de pré-escola e dos primeiros anos do primário ficaram na lembrança. Rafael havia superado alguns desafios, estava um pouco mais desinibido, havia feito novos amigos e não se sentia tão torturado como no início, porém sua gagueira ainda era motivo de chacota e sempre o constrangia.

Aos nove anos de idade, cursando a terceira série do Deserto, Rafael, já bastante crescido, sentia-se um veterano, apesar de ser ainda uma criança. Havia superado muitos obstáculos, embora ainda sofresse com as gozações que, a essa altura, estavam mais brandas.

Cada turma nova que entrava no Deserto o fazia lembrar de seu primeiro dia, de como fora traumático. O menino observava atentamente um a um dos novatos, analisando-os, na tentativa de encontrar algum problema que pudesse lhes causar traumas. A princípio, sua intenção era oferecer ajuda na tentativa de protegê-los, mas, talvez, o que ele buscasse mesmo era alguém para dividir com ele a atenção dos zombadores de plantão e que aliviasse um pouco o fardo que ele carregava. Sempre tinha alguém com alguma diferença que acabava sendo vítima como ele.

Quando chegou à terceira série, considerando que iniciou na pré-escola, o pré-primário daquela época, e depois passou pelo primeiro e segundo anos, aquele seria seu quarto ano no Deserto. Logo no início das aulas, Rafael viu um agito geral no pátio do recreio. Muitos gritos, zombaria, gargalhadas, e no centro havia um menino muito assustado, com as mãos na cabeça, como se estivesse se defendendo. Era alguém a quem Rafael não conhecia. O menino no centro do deboche era Sebastião, um garoto que acabara de chegar na escola. Rafael ouvia da turma repetidas vezes a expressão "pescoço de abóbora". Aproximou-se um pouco mais e conseguiu vê-lo. Mas por que aquela zombaria e qual era o motivo dos gritos de "pescoço de abóbora"?

Sebastião tinha um problema muscular que deixava seu pescoço torto, no formato de uma abóbora conhecida como abóbora de pescoço, e a semelhança fez com que seu primeiro dia de aula fosse mais traumático do que o de Rafael. Mas Sebastião tinha algo diferente, ele não fugiu e nem inventou uma dor de estômago.

Quando percebeu que estava acuado no meio de tanta gente, Sebastião partiu para o ataque e começou a chutar e dar socos em todos os que estavam perto dele. Abriu-se um clarão ao seu redor e muitos dos que gritavam silenciaram-se; entretanto, os mais velhos continuaram a zombar e ainda partiram para agressão também. Não foi uma cena prazerosa de se ver. Rafael ficou muito triste ao ver o menino sendo espancado por vários garotos mais velhos, mas, no seu íntimo, o que sentia não era pena de Sebastião, e, sim, uma certa admiração por ele ter tentado se defender a seu modo. Rafael, no seu primeiro dia, preferiu fugir.

No dia seguinte, ao chegar no Deserto, os olhos de Rafael procuraram Sebastião, mas ele não tinha muita esperança de encontrá-lo porque, depois da cena que vira no dia anterior, era de se imaginar que Sebastião nunca mais voltaria àquela escola. Um grande engano de Rafael. Ao olhar para a porta de entrada, viu passar por ela um menino de pescoço torto, cheio de hematomas e, impressionantemente, com aspecto feliz. Parecia que aquele menino comemorava alguma coisa, talvez o fato de ter conseguido superar o trauma e voltar à escola no dia seguinte. Aquilo deixou Rafael intrigado, porém sua admiração por Sebastião aumentou. Que máximo aquela superação! Que força seria aquela que Sebastião trazia dentro de si? Rafael teria ficado, no mínimo, uma semana sem ir à escola, pelo menos enquanto durassem os hematomas.

Rafael foi para a sala com uma sensação estranha. Ele estava feliz. A sua vontade era de falar com Sebastião, parabenizá-lo e confessar sua admiração, mas sua gagueira era uma barreira intransponível. Ele ficava observando de longe todos os dias. Por um lado, ele ficava bem, pois a hora do recreio passou a ter um novo personagem que chamava para si a atenção de todos os gozadores malvados; por outro, ele ficava mal porque via o menino passar por tudo que ele já havia passado. Não que ele estivesse livre das chacotas, pois de vez em quando se lembravam dele, mas só quando ele precisava falar, e ele só falava perto deles o que fosse realmente necessário. O seu silêncio era um meio de defesa que seu colega não tinha. O problema de Sebastião era visível, bastava olhar para ele.

Capítulo 5

O tempo passou e Rafael nunca teve coragem de falar com Sebastião, apesar de sua admiração por ele. Todos os dias, na hora do recreio, era a mesma zombaria para cima de Sebastião, e, todos os dias, Rafael o via correr atrás de alguém que o chamava pelo apelido desagradável.

Sebastião era um menino pobre, de semblante humilde, mas tinha uma expressão de felicidade admirável.

Certo dia, na hora do recreio, Rafael viu uma correria e muita gente apavorada e gritando. Era Sebastião, que trazia em suas mãos uma lâmina e ameaçava cortar todos aqueles que chegassem perto dele. Quanto aos que de longe zombavam, ele corria atrás deles na tentativa de retalhá-los, literalmente. Rafael estava sentado em uma mureta em que ficava todos os dias e, de repente, viu Sebastião andando em sua direção com a lâmina na mão. Sem entender nada, Rafael se levantou e percebeu que no olhar daquele menino refletia um ódio jamais visto por ele, e Sebastião estava com vontade de descarregá-lo em alguém, fosse quem fosse. Sebastião estava disposto a acabar com aquela situação.

Naquele momento, Rafael não via mais ninguém no pátio, seus olhos só enxergavam Sebastião, que, com aquela lâmina, desejava cortá-lo. Sem reação, Rafael não conseguiu correr, ficou estagnado. A única coisa que conseguiu fazer foi levantar sua mão direita e segurar firme no braço do menino e implorar:

– Não fa-fa-faça isso, por fa-fa-favor. Eu nuuuunca te fiz ne-ne-nenhum mal.

Sebastião deu um passo atrás e caiu na gargalhada. Olhava com um certo desprezo para Rafael e o chamava de metralhadora, e ria muito. Rafael, por sua vez, mesmo em meio à decepção com a atitude do menino, sentiu-se aliviado, mas foi por pouco tempo. Sebastião ficou sério novamente e foi para cima dele. Rafael segurou sua mão no alto e quando estava perdendo suas forças, vendo aquela lâmina se aproximar de seu olho esquerdo, eis que surge alguém dentre aqueles que zombavam, que segurou fortemente o braço de Sebastião e impediu que ele cortasse o seu colega.

Rafael, aliviado daquela tensão, caiu no choro, consolado por alguns que presenciaram a cena. Foi um momento de terror. Naquele instante, ele nem se importaria se fosse chamado de chorão, seu alívio era maior do que qualquer preocupação com sua imagem. Ruim mesmo foi seu sentimento com relação a Sebastião. Sua admiração por ele diminuiu a ponto de quase inexistir.

Chegou, enfim, o último ano de Rafael no grupo escolar, a quarta série. Embora sofridos, foram anos preciosos que aquele menino passou no Deserto. Aprendeu a ler, a escrever, aprendeu as operações matemáticas, decorou a tabuada toda, adquiriu noções básicas de geografia e história do Brasil, e se sentia preparado para uma nova fase de aprendizado. Além disso, carregava em sua bagagem algo precioso que o Deserto lhe ensinou: o respeito pelas pessoas, independentemente de classe social, aparência física ou qualquer outra diferença. Rafael carregava o trauma da disfluência, porém adquiriu com ela uma resiliência que o ajudaria para o resto de sua vida.

Sem perceber, aquele menino se tornou um ser humano mentalmente forte e emocionalmente resistente, muito diferente da criança de seis anos que entrou cheia de medos no Deserto. É claro que sempre que reencontrava seus antigos colegas as chacotas eram inevitáveis. Metralhadora, motoca, os apelidos sempre vinham à tona, mas aquilo já não doía tanto como antes. Embora passasse por constantes constrangimentos, Rafael era um menino feliz.

O tempo passou depressa e as feridas abertas pelas provocações foram cicatrizando. A cicatriz pode não ser algo que nos agrada esteticamente, mas tem um papel importante, pois além de fechar as feridas, ela mostra algum trauma que foi superado com o passar do tempo. As dores e os sofrimentos ficam na lembrança por baixo da cicatriz, que, apesar de aparente, não dói mais. A cicatriz nos faz lembrar de superação e de que tudo na vida passa.

O tempo é realmente implacável. Sua velocidade aparentemente lenta, embora constante, só é realmente percebida depois que passa, e não tem volta. O tempo é para ser vivido, cada minuto precisa ser apreciado. Cinco anos passados parecem pouco, mas era metade da vida de Rafael, ou seja, ele havia passado a última metade de sua vida dividindo seu tempo entre casa e a escola. Definitivamente, o tempo é implacável! Como aprendemos com ele!

Em casa, Rafael sempre foi um bom filho. Não que ele mesmo pensasse assim, mas sempre que tinha oportunidade, seu pai o elogiava. Sempre elevava sua autoestima e dizia que ele era incrível. O apelidou de mestre. Seu pai via nele algo diferente e não se constrangia ao falar e declarar sua admiração. Isso fez muita diferença em sua vida. O homem que ele tinha por referência, o seu herói, achava-o o máximo.

Muitos pais têm o péssimo costume de criticar os filhos e jogá-los para baixo. Parecem âncoras que seguram seus filhos sem deixá-los crescer. Se você, que está lendo este livro agora, é pai, aprenda a elogiar seu filho ou sua filha, diga que são bons e que acredita neles. Diga que são abençoados e capazes. Isso é mais que um elogio, é um estímulo que levarão por toda a vida.

Toda vez que Duca ia apresentar Rafael a alguém, dizia: "Esse é o meu mestre. Ele será na vida o que quiser ser". Esse comentário do pai ficou gravado na mente de Rafael.

Capítulo 6

Enfim, a tão esperada fase do ginásio, que ia da quinta à oitava série, havia começado. Rafael estava ansioso para rever seus colegas, porém receoso de como seria recebido na escola estadual Deserto, o colégio Deserto. Não teve grandes surpresas. Os alunos eram praticamente os mesmos do Grupo Escolar. Os apelidos continuaram, as provocações também, os empurrões, os tapas na cabeça, as ameaças de surra depois das aulas, as dificuldades para se concentrar nas aulas, enfim, tudo parecia a mesma coisa. A mudança de maior impacto foi que, ao invés de uma única professora, agora teriam várias, uma para cada matéria da grade curricular, e, logicamente, o número de matérias aumentara.

Rafael ia à escola pela manhã e, à tarde, saía para vender quitandas pela cidade. Isso mesmo! Aos dez anos de idade ele enchia um cesto de broas, pães, biscoitos e doces e saía pelas ruas daquela pacata cidade oferecendo a opção para o café da tarde. Tinha algumas freguesas fidelizadas que sempre compravam suas guloseimas. Por incrível que possa parecer, a gagueira o atrapalhava, mas não o impedia de vender. Ele parava nas portas das casas, batia palmas diante das que não tinham campainhas e, quando a pessoa saía, ele mostrava o cesto e não dizia nada, e nem precisava. De vez em quando, ele arriscava oferecer, mas sempre passava constrangimento.

— Que-quer com-com-comprar alguuuuuuma coisa para o ca-ca-ca-café da ttttttttarde?

Tirava boas risadas de suas clientes, mas a essa altura até ele achava graça.

Aos sábados, Rafael ia a um viveiro de mudas de café para encher saquinhos de terra para o plantio da semente. Ele pegava uma pequena lata vazia que vinha com extrato de tomate, tirava-lhe os fundos e usava na boca do saquinho para mantê-lo aberto, e ia enchendo de terra e batendo no chão para ficar bem firme. Era divertido. Tente imaginar: quem era o alvo das gozações? Ele mesmo. Rafael ficava a manhã toda calado, concentrado no trabalho e deixando que as pessoas o provocassem em vão.

A ideia de ter seu próprio dinheiro agradava a Rafael, então o menino decidiu ampliar sua renda saindo à noite pela cidade para engraxar sapatos. Ele havia ganhado uma caixa de engraxar feita com sobras de lambril e pintada de azul. Foi um presente que ganhou do Toninho, irmão mais velho de seu amigo Edir.

O trabalho de engraxate não durou muito porque sua timidez provocada pela gagueira o atrapalhou bastante. Quando chegava diante de um potencial cliente, Rafael não dizia uma só palavra, apenas dava uma mexida na caixa e apontava para os sapatos da pessoa. Logo isso também virou motivo de chacota. Ele passou a trabalhar em casa e alguns clientes levavam os sapatos para ele cuidar. Um desses clientes era o exigente senhor Carlos, seu vizinho e pai de seus amigos Carlúcio e Rodrigo.

No colégio Deserto havia uma professora de Geografia que todos os dias entrava na sala de aula e não dizia nada. Entrava de cara fechada, sem cumprimentar ninguém, sentava em sua cadeira e ficava olhando a classe toda tagarelando. Os alunos demoravam a perceber que ela estava esperando o silêncio e ela, por sua vez, só olhava e esperava a turma se calar, um a um. Quando conseguia, enfim, o silêncio de todos, ela dizia:

– Se alguém aqui não estiver interessado em assistir à minha aula, não se sinta obrigado, pode sair e esperar a próxima aula lá fora.

Certo dia, Rafael e Antônio combinaram que se ela dissesse aquilo em sua próxima aula, eles aceitariam e sairiam da sala, e foi o que aconteceu. Quando a professora terminou a frase, os dois se levantaram e disseram:

– Professora, nós não queremos assistir a essa aula. – E saíram calmamente pela porta da sala, que dava acesso a um corredor que os levaria ao pátio da escola. Mas eles descobriram que aquela fala não era para dar liberdade aos alunos e, sim, uma ironia da professora. Imediatamente, ela avisou a direção da escola e exigiu providências.

O erro dos dois amigos não foi somente o de acreditar na liberalidade da professora, mas também o de completar a peraltice saindo da escola e indo a um bar para jogar bilhar. Em alguns minutos chegou o irmão mais velho de Rafael para levá-los para casa, onde tiveram que prestar contas aos seus pais.

Foi também nesse período que Rafael cometeu um grande erro de apanhar algo que não lhe pertencia, o que, para o seu bem, foi corrigido a tempo pelo seu pai.

Há uma tradição nas fazendas cafeicultoras que permite que após a safra do café, ou seja, após o período de colheita, as pessoas podem ir aos cafezais e pegar para si todo o café que estiver caído no chão. São grãos que caem fora do pano utilizado na colheita.

Rafael foi convidado por um amigo para ir à fazenda do Sr. José Leandro para apanharem a sobra da colheita. Pela primeira vez em sua vida Rafael participaria de uma aventura como aquela, sem imaginar o que lhe aguardava.

Quando lhe disseram que poderia ir a uma fazenda e pegar a sobra do café após a colheita da safra, Rafael ficou muito empolgado, pois imaginava que houvesse uma quantidade enorme de café espalhada pelo chão e que a única dificuldade seria o transporte, já que a fazenda ficava a pelo menos quatro quilômetros da cidade.

Rafael partiu logo cedo para a lida, ele e seu amigo Célio, cheios de vontade, com uma lata de óleo vazia e um saco grande para o transporte dos grãos. Ao chegarem no cafezal, a decepção. Rafael olhava para os lados e não via nada a não ser folhas e terra úmida.

– Oooonde está o cacacafé que nos é pepermitido pepegar? – perguntou o menino. A resposta foi dada por uma pessoa que estava ali com o mesmo propósito.

– Está aí, em algum lugar espalhado pelo chão. Temos que olhar bem e revirar a terra para encontrarmos os grãos que foram deixados para trás.

Um misto de tristeza e bom humor tomou conta de Rafael. O menino caiu na gargalhada, rindo de si mesmo. Imaginava que quando chegasse lá encontraria grande quantidade do fruto e que o trabalho seria só colocar no saco e transportar.

Mas não era isso, os grãos eram escassos e encontrar um deles que fosse não era tarefa fácil.

Trabalharam por aproximadamente quatro horas e o que haviam conseguido até aquele momento era menos de meio quilo cada um. O cansaço e o desânimo já haviam tomado conta de todos, por isso decidiram parar e encarar a vergonha de voltar para casa com sentimento de fracasso.

Ao saírem do cafezal perceberam que nem tudo estava perdido. Passando ao lado da sede da fazenda, os olhos de Rafael brilharam ao ver uma grande área plana, feita por tijolos e cimento, coberta de café. Era um terreiro grande usado justamente para a secagem dos grãos, fruto da colheita que acabara havia poucos dias.

Rafael olhou para o amigo e, naquele momento, parecia que pensavam a mesma coisa. Era muito café! Se pegassem alguns quilos no terreirão ninguém daria falta. Sem mais demora, encheram quatro litros cada um, colocaram no saco e saíram disfarçadamente, como se nada tivesse acontecido. Porém, após darem alguns passos, ouviram latidos e uma voz gritando: "Pega ladrão!".

Partiram em disparada sem abrirem mão da principal conquista do dia, o saco de café. A preocupação era o cachorro, pois o homem estava muito longe e jamais os alcançaria, mas o cão chegava cada vez mais perto. As vistas dos garotos cegaram-se e eles não viram mais nada, só pensavam em correr passando por riachos, cercas de arame farpado, matas fechadas e, quando perceberam, já nem estavam juntos mais. Rafael não via mais seu amigo, tampouco o cachorro. Descansou por alguns minutos e logo enxergou o amigo chegando exausto, com ar de vitória no rosto. O cachorro havia desistido.

Foram embora, cada um para sua casa. Os pais de Rafael haviam acabado de almoçar e ainda estavam na cozinha. Ficaram surpresos quando viram o menino chegando tão cedo e mais surpresos ainda com a quantidade de café que viram. Elogiaram repetidas vezes o menino pelo desempenho, sentiam-se orgulhosos.

O que Rafael não se lembrava foi que seu pai havia sido criado na roça e conhecia bem o assunto. Quando despejou o conteúdo do saco no chão, Rafael foi pego em flagrante. Duca olhou aquele café e percebeu imediatamente a diferença entre os grãos encontrados na lavoura e os que foram pegos na sede da fazenda. A diferença era gritante.

Duca não quis nem ouvir explicações, só perguntou de quem era aquele café, e o menino se viu obrigado a dizer a verdade. Colocou o café de volta no saco, com um pouco de dificuldade, porque tinha uma mão pesada em seu pescoço que atrapalhava um pouco sua respiração. Foi graciosamente conduzido até o carro com seu precioso fruto do roubo e levado à casa do Sr. José Leandro para desfazer o mal-entendido.

Ao chegarem lá, o fazendeiro estava reunido do lado de fora da casa com alguns amigos, contando sobre o fato ocorrido, e o pai de Rafael, de um jeito de quem quisesse saber do assunto, perguntou a ele o que havia acontecido. A resposta doeu! Ele disse que não havia acontecido nada de mais, que só alguns ladrões da cidade estiveram lá e roubaram alguns poucos grãos de café.

A expressão "ladrão" soou muito forte aos ouvidos de Rafael, mas era o adjetivo que cabia naquele momento. De garoto trabalhador e filho exemplar passou a ser conhecido como ladrão, pessoa que pega o que é dos outros sem permissão.

O comentário de Duca foi na mesma linha.

– Um dos ladrões está aqui comigo, eu o trouxe para devolver o objeto do furto.

Um misto de vergonha e arrependimento tomou conta do menino. As palavras que seu pai lhe havia dito durante o percurso até a casa daquele homem já tinham sido duras o suficiente para aprender a lição, mas ele ainda não o tinha chamado de ladrão, e só então entendeu a gravidade de sua ação. Aprendeu para sempre a lição. Meio que constrangido, o Sr. José ainda insistiu para que Duca ficasse com o café, mas ele se recusou veementemente.

O pai de Rafael não se acomodou diante da situação. Poderia simplesmente fazer vistas grossas diante da atitude errada do filho e usar aquele café, mas perderia a oportunidade de ensinar uma grande lição ao garoto.

Capítulo 7

A essa altura dos acontecimentos, Duca havia vendido a mercearia e comprado um ônibus bastante conservado, porém, com muitos anos de uso. Fazia uma linha rural cujo itinerário passava por várias fazendas e povoados. Saía da cidade e passava pela Rancharia, Posses da Serra, Fazenda Carlos Vieira, Colônia da Lagoa, Colônia da Mandioca e Colônia da Usina. As colônias pertenciam à usina Monte Alegre, que tinha grandes plantações de cana e era produtora de açúcar e álcool. O responsável pela emissão das passagens era Rafael. Deixou de vender quitandas e de encher saquinhos de terra e foi ajudar seu pai. Foram dias difíceis, mas muito felizes. Davam muitas risadas juntos e foi um tempo que os aproximou mais ainda.

Os dias difíceis são por conta de que não eram muitos os passageiros e o dinheiro arrecadado mal dava para cobrir as despesas, e como era zona rural, onde as estradas eram de terra e muito irregulares, a viagem se tornava uma aventura. Quando chovia, e isso acontecia com frequência, o ônibus atolava. Rafael tinha que pegar uma enxada e raspar o barro na frente das rodas para que os pneus tivessem atrito com solo firme; isso quando não tinha que acorrentar os pneus para que o atrito com o solo ganhasse mais aderência.

Certo dia, enquanto Rafael raspava o barro na frente da roda, o ônibus embalou e passou por cima da enxada, e Rafael ficou somente com o cabo nas mãos. Seu pai não conteve a gargalhada naquele dia e, durante anos, sempre que tinha oportunidade, contava a cena com detalhes, sempre dando muita risada.

Todos os dias, eles lavavam o ônibus e passavam um pano com detergente nos bancos para, no dia seguinte, recomeçarem a luta. Esse trabalho não durou muito tempo, pois não era suficiente para o sustento da família. Duca decidiu parar com a linha e passou a usar o ônibus no transporte de cortadores de cana e trabalhadores rurais que prestavam serviços para a usina. Aos finais de semana transportava romeiros para cidades turísticas religiosas e, assim, seguiu a vida. A função de Rafael era ajudar seu pai a manter o ônibus limpo. O menino, vez ou outra, trabalhava no período da tarde plantando ou carpindo milho e feijão, e de vez em quando ia para o sítio dos pais de Antônio para trabalhar na adubagem de cana-de-açúcar. Este último, depois de algum tempo, seu pai proibiu, pois percebeu que as folhas da cana cortavam os braços do menino, causando inchaço e sangramento.

O compromisso de Rafael era que, ao cair a tarde, no pôr do sol, deveria estar em casa esperando seu pai chegar com o ônibus para ajudá-lo a limpar.

Aos doze anos de idade, Rafael aproveitou a experiência adquirida lavando ônibus e passou a lavar carros em sua casa. Tudo começou por acaso, quando um médico da cidade, que morava vizinho de sua casa, pediu-lhe um favor. Vendo que Rafael limpava o ônibus, perguntou se não podia lavar seu carro também, pois estava muito sujo e o doutor estava sem tempo para limpá-lo. Como era um médico muito querido da família, o menino atendeu de pronto. Lavou o veículo com muito capricho e o deixou na frente da casa do Dr. José Roberto.

O médico ficou satisfeito com o trabalho e quis recompensá-lo, mas Rafael, orientado por seu pai, recusou-se a cobrar qualquer quantia, embora houvesse muita insistência por parte do médico. Depois de um tempo, o médico voltou e deixou um pequeno embrulho com Rafael e disse que era um presente. Pelo formato do embrulho já dava para perceber o que era mesmo antes de abrir, mas o menino, muito satisfeito, abriu com euforia o presente e não se decepcionou. Era uma bola de capotão número 3. Se você nasceu antes dos anos 80, sabe o que é uma bola de capotão.

O menino ficou muito feliz com seu presente, mas ao rasgar o embrulho havia uma surpresa. Junto com a bola tinha uma quantia em dinheiro que era o pagamento pela lavagem do carro. O médico consultara no posto de combustível que possuía o único lava-rápido da cidade o preço de uma lavagem completa e fez questão de pagar o mesmo valor pelo serviço de Rafael.

Rafael percebeu que o negócio poderia ser lucrativo e pediu autorização ao pai para lavar carros em frente à sua casa. Ele fazia um preço bem abaixo do cobrado no posto, mas seus clientes, três no total, sempre lhe davam gorjetas acima do valor cobrado. O menino, sempre incentivado pelos pais, foi se acostumando a ter seu próprio dinheiro, que era pouco, porém suficiente para seus gastos, que também não eram grandes.

Capítulo 8

Aos catorze anos de idade, Rafael, finalmente, concluiu a oitava série, sempre com notas baixas, apenas o suficiente para não repetir de ano. Com muito esforço conseguiu sair de um Deserto para entrar em outro, agora o colegial, equivalente ao ensino médio, e para isso teria que estudar à noite, na cidade vizinha que ficava a aproximadamente meia hora de sua cidade natal.

Rafael e alguns amigos contratou uma perua Kombi que os levava todos os dias para estudar, e aguardava o final das aulas para trazê-los de volta. A despesa era dividida por oito pessoas, assim não pesava para ninguém. O motorista e proprietário da Kombi era Oscar, um dos melhores amigos de Duca.

Nesse período também veio uma grande surpresa: Sara estava grávida de seu quinto filho. No entanto, com a surpresa veio uma grande preocupação: devido à idade e aos problemas de saúde de Sara, a gravidez era de alto risco. Não foram poucas as vezes que Duca teve que levá-la às pressas ao médico. Foram nove meses de tensão, mas, no final, deu tudo certo.

Quinze anos depois de gerar quatro filhos, Sara deu à luz um menino, o Ivan, que passou a ser o centro das atenções da família, inclusive de Rafael.

Junto à necessidade de pagar a condução para estudar fora surgiu a primeira oportunidade de emprego. Rafael ficou sabendo que um depósito de gás que ficava anexo a uma loja de móveis e eletrodomésticos precisava contratar alguém para fazer entregas em domicílio utilizando uma bicicleta especial de cargas. Procurou o proprietário e se candidatou para a vaga.

O depósito de gás, assim como a loja de móveis, pertencia ao senhor Armando, um homem justo, honesto e com rara visão comercial. Em sua loja, além de móveis era vendido quase tudo. Eletrodomésticos, presentes, utensílios domésticos em geral, peças de bicicleta e até o gás de cozinha. Como o preço do botijão de gás entregue na residência das pessoas era o mesmo do depósito, a maioria preferia telefonar e pedir para entregar em domicílio. É aí que entra Rafael. Ele foi contratado para entregar os botijões de gás.

Concomitante aos estudos, Rafael estava agora se matriculando em outra escola, a escola da vida, aquela que forma doutores e que é, na realidade, o maior de todos os desertos.

No início não foi fácil. A disfluência ainda era uma barreira para Rafael conversar com a clientela, não só na hora da entrega, mas também no atendimento telefônico, anotando os pedidos. Embora a cidade fosse pequena, vendiam-se muitos botijões e Rafael entregava mais de vinte unidades todos os dias. O menino trabalhava durante o dia e à noite partia para a cidade vizinha para estudar.

Aos poucos, Rafael foi se adaptando ao trabalho e aprendendo coisas novas, como vender, mesmo com dificuldades na fala, montar móveis, instalar antenas, aparelhos elétricos, máquinas de lavar roupas e máquinas de costura. Foram anos preciosos na vida desse jovem.

Rafael continuava um menino pensativo, porém, agora, seus pensamentos vinham acompanhados por sonhos não muito grandes. Eram sonhos que correspondiam à sua perspectiva de vida. Sonhava em ter uma namorada, constituir família e ter um lugar para morar, mesmo que fosse alugado.

Os sonhos de Rafael estavam alicerçados por uma forte motivação, o incentivo de seu pai, que nunca o menosprezou; mesmo depois daquele episódio do café, seu pai sempre o motivou dizendo que seria um vitorioso. Duca dizia isso não só quando estavam a sós, mas dizia publicamente. Ele tinha orgulho do filho, e isso era um grande impulso para Rafael.

Para você, que tem filhos, deixo aqui mais um conselho, reforçando o que já disse anteriormente. Não menospreze seu filho, nem diga a ele palavras desanimadoras. Não diga que ele é ruim ou que é fraco. Abençoe-o sempre e faça-o sentir-se capaz. Uma palavra de afirmação vinda de um pai tem muito poder.

Todas as vezes que Rafael se sentia desanimado, lembrava de seu pai e das palavras de incentivo. Não eram palavras de cobrança, eram de incentivo mesmo, porém Rafael sentia-se na obrigação de honrar a confiança que seu pai tinha nele e o tempo todo esforçava-se para não o decepcionar.

Como vimos, Rafael aprendeu a ser observador. As coisas que aconteciam ao seu redor sempre lhe traziam ensinamentos, e quando tinha alguma dúvida sempre buscava resposta. Foi o que aconteceu num certo dia em que observava seu patrão atendendo um senhor que fazia manutenção em bicicletas. O homem pediu cem esferas de catraca. Se você nunca viu uma esfera de catraca, vou lhe dar uma referência do que estou falando. Ela tem o tamanho de mais ou menos um terço de um grão de arroz. É muito pequena.

A embalagem vinha com quinhentas esferas e Armando despejou o conteúdo num caixote de madeira e, pacientemente, contou, uma a uma, as cem esferas que o homem pediu. O preço era alguns centavos. O jovem, inconformado, esperou o cliente sair e perguntou ao patrão se valia a pena vender as esferas separadas. Não seria mais fácil dizer que só vendia a embalagem fechada? Só o tempo gasto para contar as esferas já justificaria vender a embalagem fechada.

Armando, com a paciência de sempre, contou-lhe um segredo.

– Eu não tenho lucro vendendo peças de bicicleta. Faço isso para trazer clientes à loja. Meu negócio é vender móveis, presentes e eletrodomésticos. Isso sim, me gera lucros. Enquanto aquele homem ficou me esperando contar as esferas, observou os produtos da loja, e quando precisar de alguma coisa ou até mesmo para presentear alguém, saberá onde encontrar.

Rafael começou a entender o sucesso de seu patrão.

Trabalhar com o público exige uma paciência diferenciada, o sucesso de um comércio depende muito de como seus clientes são tratados, e isso não é fácil, porque cada cliente tem uma personalidade; enquanto alguns sabem respeitar a pessoa que os atende, outros exageram na chatice e no exercício do direito.

Em outro dia, um rapaz entrou na loja de Armando interessado em comprar uma geladeira. Disse que não tinha muito recurso e que por isso gostaria que fosse um modelo bem barato. Depois de examinar vários modelos, não encontrou nenhum que coubesse em seu orçamento. Mas havia no depósito uma geladeira que sofrera uma avaria durante o transporte e estava com um pequeno amassado. O dono da loja ofereceu ao cliente com um bom desconto e isso o agradou bastante. Negócio fechado, a geladeira foi entregue.

Alguns meses depois, o mesmo cliente voltou à loja, dessa vez para comprar um botijão de gás. Era noite, e embora a loja já estivesse praticamente fechada, Armando ordenou que Rafael fosse ao depósito e pegasse o produto. Naquela época o gás de cozinha custava 23,50 (vinte e três cruzados e cinquenta centavos). O rapaz pagou com vinte e cinco cruzados. O problema é que as moedas estavam escassas e não havia uma quantidade disponível que pudesse atender ao comércio em geral. O comerciante devolveu-lhe uma nota de um cruzado e pediu para ficar devendo os cinquenta centavos que faltavam. O rapaz ficou irritadíssimo e disse:

– Não aceito. – E continuou: – Você não é honesto o suficiente. E eu não confio mais em você porque me vendeu uma geladeira amassada.

Armando, surpreso, disse:

– Mas eu lhe dei um bom desconto por isso e você aceitou!

O rapaz não quis dar ouvidos e exigiu o troco, proferindo palavras de baixo calão e ofendendo-o muito. O comerciante, para mostrar que estava bem intencionado, disse-lhe, então, que devolveria dois cruzados e, assim, quem ficaria devendo os cinquenta centavos era o cliente, porém o rapaz não aceitou, dizendo que era obrigação do comerciante ter o troco e, mais irritado ainda, pegou seu botijão vazio e foi embora sem comprar o produto.

No dia seguinte, quando Armando e os funcionários chegaram para abrir a loja, o cliente da noite anterior os esperava na porta do estabelecimento. Meio sem jeito, pediu para conversar em particular com o dono da loja e ao ser atendido disse que estava precisando de uma ajuda.

Na noite anterior, quando saiu da loja muito nervoso, deixou o botijão vazio em casa e saiu para beber. Bebeu muito, a ponto de gastar todo o seu dinheiro com a bebida. Precisava do gás porque estava indo trabalhar e sua esposa precisava fazer comida para seus filhos. Humilhando-se, pediu para Armando lhe vender um botijão e deixá-lo pagar depois, quando recebesse seu salário. O comerciante não só atendeu ao seu pedido como também ordenou que Rafael levasse o botijão até sua casa e o instalasse no fogão.

O menino ficou inconformado. Depois de todos os desaforos que o rapaz dissera na noite anterior, Armando o tratou como um cliente especial. Ao voltar da casa daquele homem, Rafael, indignado, perguntou ao patrão por que havia se humilhado daquela forma, tratando com tanto respeito o cliente que o havia ofendido. Mais uma vez recebeu uma lição. Armando disse-lhe novamente que seu interesse era vender móveis e eletrodomésticos e que, para isso, precisava tratar bem seus clientes, fossem quem fossem.

O final dessa história mostrou que o bom comerciante tinha razão. Dois anos mais tarde, o rapaz trocou a mobília da casa e comprou tudo o que precisava na loja de Armando, sem pesquisar preços em outras lojas ou em cidades vizinhas como era praxe dos moradores daquela pacata cidade.

Capítulo 9

Todos os dias, Rafael saía com sua bicicleta de carga entregando gás pela cidade. Parece um trabalho difícil e pesado para um garoto de quinze anos, mas Rafael se esforçava e até gostava do seu trabalho. Enquanto pedalava a bicicleta, não precisava falar com ninguém e era um momento único, somente dele.

Ruim era quando chovia, porque a cidade tinha muitas ruas ainda sem asfalto e isso fazia muito barro, prejudicando a estabilidade da bicicleta; por isso foram alguns tombos, mas nada sério. Quando tinha de encarar uma subida forte, o jovem Rafael descia da bicicleta e ia empurrando, e assim passava o dia todo, sempre pensativo e sonhando com seu futuro.

O risco era iminente. O peso de um botijão de gás quando está cheio é superior a 25 kg e o jovem manuseava esse peso pelo menos vinte vezes ao dia. Além disso, uma vez por semana descarregava um caminhão com quatrocentos botijões, ou seja, sempre corria o risco de se ferir, e, realmente, às vezes acontecia. Num dia chuvoso, ao fazer uma entrega em uma escola, Rafael escorregou no piso molhado e por instinto soltou o botijão e colocou as mãos no chão. O botijão caiu em cima de seu dedo e quase o esmagou. Como teve medo de ser repreendido por imprudência, o menino conseguiu esconder a mão machucada por dois dias, porém, depois disso foi descoberto. Não foi tão grave assim e, depois de um breve tratamento com salmoura, voltou ao trabalho que gostava tanto.

Na rotina do dia a dia na loja, entrando e saindo móveis, eletrodomésticos e utensílios em geral, um dia chegou um equipamento que chamou a atenção de Rafael. A loja recebeu uma máquina de escrever que não era como as outras que estavam acostumados a ver. As anteriores eram pequenas e ele já estava acostumado com elas, mas essa que acabara de chegar era grande, mais bonita e atraiu a atenção do menino. Rafael ficou alguns minutos admirando aquela beleza e num instante de emoção desejou comprá-la, embora custasse muito mais que seu salário.

O menino procurou o dono da loja e disse que queria ficar com a máquina. Armando aconselhou o menino: "Pense com calma. O que você vai fazer com um equipamento caro desses? Vai te custar um preço alto e não terá utilidade para você".

Rafael ponderou as palavras do patrão e concordou com ele. Decidiu não investir na máquina, mas ela não saía de seus pensamentos. Quando ia fazer as entregas, Rafael ficava pensando e sonhando com aquela máquina. Pensou até em aprender datilografia, mas não tinha quem o ensinasse. Aquela máquina de escrever passou a ser o seu objeto de desejo. Nem mesmo ele entendia o porquê de querer tanto aquela máquina e não sabia para que a usaria, mas a verdade é que a queria muito. De vez em quando ele a esquecia, mas quando passava por ela e a olhava, voltava a insistir na compra, mas Armando prudentemente sempre negava.

Certo dia, para a surpresa de Rafael, Armando o chamou e perguntou se ele ainda estava interessado na máquina, pois havia um bom tempo que ela estava no mostruário da loja e ninguém se interessara em comprá-la. Com os olhos brilhando, o jovem disse que sim, que queria muito aquela máquina de escrever. Então, seu patrão fez a seguinte proposta: vender-lhe-ia o equipamento pelo preço de custo e o pagamento seria feito em parcelas que não ultrapassariam 25% do seu salário, até que fosse liquidado todo o valor, o que foi aceito na hora e com muito entusiasmo.

Rafael levou a máquina para casa e a guardou com muito carinho. Ele nunca a usou, mas sempre ficava olhando, meio que sem saber o que fazer com ela, porém, sem nenhum arrependimento. Era como se fosse um troféu, passava boa parte do seu tempo limpando e cuidando dela. O menino não entendia por que gostava tanto daquela máquina. Ele nem sabia usá-la, mas gostava e isso bastava.

Com o passar dos anos, Rafael foi se tornando um jovem cada vez mais sonhador e, agora, a monotonia da cidade pequena não cabia mais em seu imaginário. Trabalhar e estudar durante a semana esperando o sábado para rodar com amigos pelas cidades vizinhas em busca de diversão já não o satisfazia mais. Seu sonho passou a ser a cidade grande, onde poderia estudar e trabalhar em busca de um futuro mais próspero e seguro financeiramente. Talvez esse seja o sonho da maioria dos jovens – um futuro promissor. Mas pensando aqui comigo, o que seria um futuro promissor? Será que os jovens têm consciência do que seja isso? Eu creio que não. Acho que nem mesmo a maioria dos adultos sabe.

As pessoas passam a vida toda atrás de conquistas, de segurança financeira, de uma boa aposentadoria, de um conforto a mais na velhice, de aumentar seu patrimônio, de deixar uma boa condição de vida para os filhos, mas não conseguem enxergar o que é mais importante para nós: a sequência da vida.

O apóstolo Paulo, na carta que enviou aos Coríntios, escreveu que se esperarmos em Cristo só nesta vida, somos os mais miseráveis de todos os homens (1Co 15:19). Ele quer dizer que precisamos esperar por uma vida futura e eterna. Em um determinado momento, que só Deus sabe quando será, nós passaremos desta vida para a eternidade e tudo que de material construirmos aqui não será levado para lá. Isso significa que colocamos nossos sonhos e gastamos nossas energias nas coisas erradas.

A verdadeira motivação do ser humano deveria estar na possibilidade de alcançar a vida eterna, porque, para aquele que crê em Jesus, a morte não é o fim e, sim, o começo de uma nova vida. Então é certo pensarmos que nossa esperança deve estar na ressurreição e não nos bens materiais. Devemos pensar em como vamos atravessar a barreira e, para isso, quanto menos peso estivermos carregando, melhor será.

Assim como um balão que, para subir, tem que se livrar dos pesos, e assim como um barco em perigo de naufrágio tem que lançar ao mar alguns de seus utensílios, nós também precisamos nos livrar daquilo que nos atrapalha a caminhar com Deus. Para ultrapassarmos a barreira da morte só precisamos levar a nossa fé, acreditando que a graça de Deus é o suficiente para nos levar à eternidade.

Futuro promissor é se tornar imortal, é um futuro com Deus na eternidade, mas Rafael, assim como a maioria das pessoas, não sabia disso.

Capítulo 10

Apesar de sua timidez e da dificuldade de fala, com muito esforço Rafael foi se soltando e fazendo novos amigos, e conseguiu até mesmo uma namorada. Até aqui ele não havia conseguido muito sucesso no quesito namoro; havia acumulado muitos foras e paixões não correspondidas, coisas da adolescência, mas agora ele estava namorando, porém isso não alterou seu objetivo de se mudar para a "cidade grande".

Aos dezoito anos, depois de concluir o ensino médio, quando tudo estava encaminhado para a realização de seu sonho, houve uma surpresa: o jovem Rafael recebe a notícia de que iria ser pai. Uma pausa nos sonhos, emoções abaladas, parecia que o mundo estava desabando. Essa é a primeira impressão que vem à cabeça de um jovem que ainda nem sequer está preparado para as dificuldades da vida e, com isso, surgem muitas dúvidas e receios. O que fazer agora? Como e quando contar para os pais? Como encarar as duas famílias? Como sustentar um filho sem ter a mínima estrutura emocional e financeira.

Como augusto Cury citou em seu livro *O homem mais inteligente da história*, isso é um terremoto emocional. Muitas vezes passamos por isso. Quando pensamos que está tudo sob controle, acontece algo que abala nossa estrutura. Importante lembrar que os terremotos não duram para sempre, que são passageiros. Nesse caso, passou rápido. A angústia, o desespero e a ansiedade duraram pouco tempo, só até Rafael entender que não seria problema e, sim, uma bênção, o fato de ter um filho, mesmo que inesperadamente. Ser pai, naquele momento, não estava nos seus planos, o que fez com que Rafael adiasse seu sonho por alguns meses. O jovem decidiu seguir em frente sem se casar naquele momento.

Ao completar dezenove anos, Rafael foi para a cidade grande, onde se estabeleceu. Na bagagem, poucas roupas e a máquina de escrever. Seu filho nasceu com saúde, trazendo-lhe muita alegria e maturidade. Filipe foi uma bênção de Deus na vida de Rafael. Embora a distância os separasse, pai e filho sempre se deram bem e se amaram muito. Toda a preocupação inicial de ser pai se transformou em grande alegria na vida de Rafael.

Agora, morando na cidade grande, onde sua irmã mais velha já estava morando havia algum tempo, Rafael tinha novos desafios e obstáculos a serem vencidos, porém se sentia preparado para todos eles. Durante alguns meses, Rafael foi acolhido na casa de seu tio Francisco, irmão de seu pai, até que um dia seus pais também decidiram se mudar para a metrópole. Duca vendeu tudo o que tinha de valor em sua cidade natal e comprou uma casa para a família morar na cidade onde já estavam Rafael e sua irmã. Os dois irmãos mais velhos de Rafael ficaram em sua terra natal, no estado de Minas Gerais. Com os pais estavam Rafael, sua irmã e seu irmão caçula.

À procura de trabalho e indeciso com relação aos estudos, Rafael gostava de visitar seus parentes e com eles aprendia bastante; com isso, foi ganhando conhecimento e maturidade.

Certo dia, um de seus tios pediu-lhe emprestada a sua máquina de escrever. Disse que tinha muito trabalho no escritório e que por isso estava precisando de mais um equipamento, e que seria por apenas um mês. Com muito receio, o jovem emprestou sua máquina.

Um mês depois, Rafael esperou a devolução, que não aconteceu, e ligou para o tio, que disse que a usaria por mais alguns dias. Dois meses se passaram e a máquina não foi devolvida; três meses e nada de seu tio devolver sua máquina querida. Depois de seis meses, Rafael entrou em pânico e passou a ligar para o tio quase todos os dias, até que, cansado das cobranças, seu tio devolveu-lhe a máquina. Estava sem fita, um pouco suja e desgastada pelo uso intenso, mas a alegria de Rafael ao recuperá-la não permitiu que ele olhasse para esses detalhes. Ele não ia precisar da máquina, mas ficou feliz em vê-la. Aliás, como disse antes, Rafael nunca usou aquela máquina.

As máquinas de escrever foram sendo aperfeiçoadas, surgiram as máquinas elétricas e, em seguida, veio a era dos microcomputadores, dos chamados PCs (*personal computer*), e, rapidamente, as máquinas de escrever foram substituídas por eles. Esses equipamentos evoluíram numa tamanha velocidade que nem seus usuários mais habilidosos conseguiam acompanhar a rápida evolução. Penso que quem os inventou não imaginava que um dia fossem caber dentro de um aparelho de telefone; aliás, não sei nem se imaginavam que poderíamos carregar e utilizar o telefone por todos os lugares. A máquina de escrever de Rafael continuou guardada.

Rafael se esforçava muito e se virava como podia, tendo de se superar a cada dia, porque a agitação da cidade grande era muito diferente da vida pacata com a qual se acostumara em sua terra natal. Por outro lado, sentia-se melhor, pois seus problemas passavam despercebidos diante de tantos outros que as pessoas das grandes metrópoles viviam e vivem até hoje.

Rafael observava o mundo à sua volta e refletia muito sobre sua vida. Parecia que havia sempre alguém cuidando dele, alguém que não se podia ver, mas parecia estar sempre presente, principalmente nos momentos de maior dificuldade.

Ao longo de sua vida, Rafael foi conhecendo pessoas que o ajudaram muito, em todos os aspectos. Umas que lhe ofereceram moradia, oportunidade de trabalho; outras que o aconselharam; outras, ainda, que o ajudaram financeiramente, mas sua família, pais e irmãos foram imprescindíveis para o seu crescimento. Ele teve sua vida alicerçada no amor de seus pais e isso fez toda a diferença. Por isso, você, que é pai ou mãe, aprenda esta lição: ame seus filhos com toda sua capacidade e o mundo colherá os frutos.

Como bom observador, Rafael foi percebendo que seus problemas de infância eram como nada perto dos que ele foi conhecendo. Rafael terminou seus estudos, conseguiu um bom emprego, constituiu família, mas sempre tinha a sensação de que lhe faltava algo. O trauma vivido foi ficando cada vez mais esquecido e deixado para trás, nas caixas do passado. Apesar de reconhecer suas limitações e fraquezas, ele se tornou forte emocionalmente, e isso também fez a diferença em sua vida. Aquele menino gago, inseguro, cheio de medos e receios, com poucas perspectivas na vida, tornou-se um homem forte e confiante. Poucas coisas o abalavam ou o faziam perder o sono. Ele havia fortalecido as suas bases e adquirido uma forte resistência emocional. Conquistou uma linda esposa e com ela teve mais duas filhas e um filho, todos lindos, a quem ele considerava um presente de Deus.

Com o crescimento e a prosperidade vieram também a arrogância e a prepotência de achar que tudo estava sob seu controle e que tudo o que precisasse estaria à venda. Com isso, tudo aquilo que tinha dificuldades para conquistar ele procurava comprar. É triste essa conclusão, mas é verdade. Muitas pessoas se enganam achando que são felizes, pensando que podem comprar inclusive a felicidade e, erroneamente, pensam que tudo ou todos estão à venda. Foi aí que Rafael conheceu a prostituição.

Precisamos aprender algumas coisas com a vida. Podemos contratar uma boa companhia, mas não uma amizade sincera; podemos comprar sexo, mas não um verdadeiro amor; podemos comprar um grupo de pessoas, mas não uma família; podemos comprar até igrejas, mas não a nossa salvação. Muitos tentam vender o evangelho, mas é importante deixarmos claro que o Reino de Deus não está à venda.

Sem se dar conta, o jovem foi se afundando cada vez mais nos prazeres da carne e diminuindo espiritualmente. O pecado nos faz pensar que estamos fazendo algo bom e agradável, mas, na verdade, atola-nos em um lamaçal imundo e torna ocultas as doenças da alma, como angústia, depressão e tristeza.

Muitas vezes, o pecado é involuntário, a ignorância nos leva a pecar achando que estamos fazendo o que é certo. No curso natural de sua vida, Rafael sempre buscou fazer as coisas da melhor forma possível e pensava estar conseguindo, entendendo que certas atitudes não eram erradas. Ele sempre pensou que andava na direção correta e por caminhos certos, até que, um dia, ele viu que estava enganado.

Uma terça-feira foi o dia que Deus escolheu para fazer uma reviravolta na vida de Rafael. Foi numa terça-feira que ele percebeu que seu principal problema não era a sua gagueira e muito menos as pequenas dificuldades que passou no Deserto. Rafael descobriu que seu maior problema era uma cegueira, isso mesmo, mas não uma deficiência visual física, e, sim, uma cegueira espiritual, algo que o impedia de enxergar o caminho da verdade.

Foi naquele dia, naquela terça-feira, que Rafael saiu das trevas e passou a caminhar na luz. Única e exclusivamente pela misericórdia de Deus, ele foi apresentado àquele que nos trouxe à vida, Jesus, o Cristo, e decidiu se entregar a ele.

Todos nós temos um dia na vida como teve Rafael, um dia em que a oportunidade aparece e podemos, então, fazer a escolha mais importante na vida de um ser humano. Nem sempre esse dia será terça-feira. Pode ser uma quinta, um domingo, talvez o seu seja hoje. O que importa é que todos nós teremos essa chance de escolher entre a luz e a escuridão, entre a vida e a morte.

Rafael percebeu uma coisa: ele havia sido curado. Você pode pensar: ele parou de gaguejar? Sim, ele não gagueja mais, isso sem fazer nenhum tipo de tratamento. Ele consegue falar durante horas sem enroscar uma sílaba sequer; entretanto, a cura que ele recebeu foi muito maior que a da sua gagueira. A sua cura verdadeira foi na alma. Rafael conseguiu enxergar o caminho que o levaria para a eternidade e que todos os seus problemas eram minúsculos se comparados com a graça que havia recebido.

O plano de Deus para nossas vidas é esse, que conheçamos e reconheçamos a Jesus como nosso Salvador. Quem for capaz de enxergar isso pode considerar-se um privilegiado, alguém alcançado pela graça e pela misericórdia de Deus.

Capítulo 11

A disfluência não existia mais. Rafael deixou de ser gago sem fazer nenhum tratamento e, por incrível que pareça, nem percebeu em que momento se deu esse milagre. Foi durante uma conversa que um amigo o alertou sobre o fato de estar falando normalmente, sem nenhum tipo de dificuldade.

■ ■ ■

Certo dia, passando por uma cidade chamada Jericó, Jesus ouviu um cego chamando seu nome. O relato bíblico diz que aquele homem, chamado Bartimeu, estava sentado à beira do caminho pedindo esmolas (Mc 10:46 NVI). O relato diz também que ao perceber que era Jesus que passava por ali, ele começou a clamar por misericórdia, dizendo: "Jesus, filho de Davi, tem misericórdia de mim". Jesus perguntou a ele: "O que queres que eu te faça?". O cego respondeu: "Eu quero ver!". (Mc 10:51 NVI). Jesus lhe disse: "Vai, a tua fé te salvou". Ele passou a ver e seguiu a Jesus pelo caminho.

Jesus poderia ter dito a ele: "Volte a enxergar" ou "sinta-se curado", mas perceba que não foi isso que ele disse. Sua resposta foi: "Você está salvo". A cura daquele homem não foi simplesmente uma cura física, ele passou a enxergar aquilo que antes não via, que Jesus é a salvação. Ele até reconhecia que Jesus era capaz de fazer o milagre que ele esperava, tanto que, se ele estava mendigando, o normal seria que pedisse uma moeda ou um pedaço de pão. O texto diz que ele pedia esmolas, porém, ao perceber que era Jesus, ele pediu algo a mais, pediu a cura para sua visão.

Mesmo pedindo mais do que estava acostumado, ele recebeu muito mais do que pediu ou esperava. Podemos tirar várias lições desse episódio do cego de Jericó. A primeira é que nunca sabemos pedir a Deus, sempre pedimos errado; a segunda é que sempre recebemos de Deus mais do que merecemos ou esperamos; outra lição, a mais importante, é que, independentemente do que queremos, Deus tem um plano muito maior, que é a nossa salvação.

Em outro momento, quando Jesus estava em uma casa rodeado por muitas pessoas, percebeu uma movimentação no teto e, de repente, abriu-se um buraco por onde desceu uma maca, e diante dele foi colocado um homem que não podia andar. Ao ver aquela atitude de fé, Jesus disse: "Homem, os teus pecados estão perdoados". Entre os que ali estavam havia escribas e fariseus que estranharam a sua atitude e falaram entre si que Jesus estava blasfemando, já que, na visão deles, ele não tinha poder para perdoar pecados (Lc 5:17-26).

O texto bíblico diz que Jesus, conhecendo os seus pensamentos, repreendeu-os, dizendo: "O que seria mais fácil? Dizer: os teus pecados estão perdoados ou dizer: levante-te e anda?". Em seguida, disse ao paralítico que tomasse o seu leito e que fosse para casa.

Muitos não entendem o que Jesus fez naquele dia, porque estamos acostumados ao imediatismo e às coisas terrenas. Talvez, se estivéssemos lá, também nos comportaríamos como os escribas e os fariseus, porque nos preocupamos com a cura física, queremos ver Deus agir nos nossos problemas, e isso dificulta nosso entendimento em relação ao que realmente interessa.

Nas duas passagens, Jesus quis nos mostrar que ele está preocupado com a nossa salvação e é isso que realmente importa. No episódio do cego, Ele sabia que qualquer um responderia que queria enxergar, então, por que perguntou? Jesus veio para nos dar vida e que a tenhamos em abundância (Jo 10:10). Isso significa que Ele não quer que a percamos rapidamente e nem que a desvalorizemos. Ele quer que vivamos para sempre, e por isso ele pergunta: você quer uma visão física ou quer enxergar o caminho que te leva para a eternidade? O que você quer ver?

Hoje vivemos em um mundo cheio de cegos espirituais, com pessoas que têm olhos para contemplar toda a criação, mas não conseguem enxergar o Criador. O que você quer que Jesus te faça? Quanto você consegue ver ou até onde você pode enxergar?

No episódio do paralítico não foi diferente. Todos esperavam que o milagre viesse de forma a fazê-lo andar, porque todos esperavam uma cura física, mas Jesus fez muito mais do que isso. Quando ele disse que os pecados daquele homem estavam perdoados, estava, na verdade, oferecendo-lhe a vida eterna. É isso que Ele pode e quer fazer por todos nós, dar-nos a vida para sempre.

O que Deus fez na vida de Rafael foi muito mais do que curar uma simples gagueira. Ele nem precisaria fazer isso, porque fez algo imensamente maior e mais importante. Deus se revelou a ele, dando-lhe o privilégio de enxergar o caminho para a salvação. A gagueira nesse contexto é secundária. Até Moisés, um dos homens que mais teve intimidade com Deus na história da humanidade, tinha problema de fala e Deus não o curou. Quando o escolheu para libertar o Seu povo e falar a faraó, colocou ao seu lado um porta-voz, que era o seu irmão (Ex 4:10-16). Deus poderia tê-lo curado? Sim, mas por algum motivo não revelado decidiu que Moisés permaneceria daquela forma, e nem por isso deixou de usá-lo para conduzir o seu povo.

Você já foi a um pronto-socorro de hospital? Há muitos enfermos lá, cada um com um problema diferente, com gravidades diferentes e, por isso, existe a triagem. Você sabe que triagem é um pré-atendimento para saber se o estado de saúde da pessoa é de extrema urgência, o que a levaria a ser atendida imediatamente, ou se o problema não é tão grave (neste caso, o paciente pode esperar). É levado em conta o sofrimento da pessoa, mas isso não é o essencial. O principal critério é o risco de morte do cidadão; se não há risco, pode esperar.

Se você ficou na sala de espera é porque, apesar da dor ou sofrimento, o caso não requer urgência. Na espera, as pessoas se olham, não se falam. A questão é que, na espera, cada um acha que seu problema é o mais importante e sempre vai pensar que deveria ser atendido mais rápido mesmo sem saber a dor que os outros estão sentindo.

De vez em quando alguém se levanta e vai perguntar para o funcionário da recepção se ainda vai demorar para ser chamado. O funcionário sempre vai dar uma resposta imprecisa, pois está ali atendendo e não sabe o que está acontecendo atrás das portas do pronto-socorro. O fato é que devemos esperar, já que a solução para o problema não está sob nosso controle. Aprender a lidar com a dor nem sempre é fácil, mas é necessário.

Na vida é um pouco assim também. Todos nós temos problemas, porém pensamos que os nossos são os maiores e temos dificuldade de lidar com a espera. Se a solução depende de nós, então ótimo, vamos em frente com sabedoria e disposição para resolver. Entretanto, se a solução não depende de nós e não está sob nosso controle, temos de aprender a conviver com o problema assim como um paciente lida com a dor. O importante é aprendermos a superar a dor e saber que sempre pode chegar alguém que precisa ser atendido na frente.

Capítulo 12

O fato de Deus não ter curado Moisés não quer dizer que Deus deixou de operar milagres na vida dele. Não só na vida dele como também por meio dele. Isso me faz lembrar Káritas e Marquinhos, um casal que tive o privilégio de conhecer na ocasião em que fui assisti-lo testemunhar em uma igreja dirigida pelo meu amigo pastor Jonas Lenso. Eles fazem parte daquele grupo de pessoas que nos ajudam a viver melhor com nossos problemas e nos incentivam a permanecer sempre firmes na caminhada com Deus.

Káritas era uma adolescente que aos quinze anos foi diagnosticada com osteossarcoma, um câncer ósseo muito agressivo, que a levou a ter uma das pernas amputadas com risco de consequências ainda maiores. De forma impressionante, apesar da pouca idade, ela teve maturidade e fé para superar esse desafio. Superou a tal ponto que, ao invés de ser consolada, era ela quem motivava as pessoas à sua volta.

Aos dezesseis anos mais uma surpresa. Após sentir fortes dores abdominais, a menina descobriu que havia sido acometida por mais de quinze tumores no abdômen, o que a levou a ficar internada por um ano inteiro para um tratamento altamente invasivo à base de quimioterapia, reduzindo sua imunidade a quase nada, e com efeitos colaterais gravíssimos, sendo, por diversas vezes, desenganada pelos médicos. Entretanto, com uma fé inabalável, superou mais esse desafio e sobreviveu ao tratamento.

O que mais poderia acontecer na vida de uma menina que aos dezesseis anos já havia sofrido golpes tão duros e se manteve em pé? Quantos jovens teriam desistido! Porém, Káritas decidiu viver com alegria e fé, e foi adiante.

Aos dezessete anos, após uma grande luta pela sobrevivência e quando tudo parecia estar se normalizando, apesar das graves sequelas, a jovem, ao fazer exames, desses, de acompanhamento pós-tratamento, foi diagnosticada com mais oito tumores nos pulmões, todos malignos, o que levou os médicos a desacreditarem que ela poderia sobreviver, pois, por mais avanço que podemos ter na medicina, não viam solução eficaz para curá-la. Sem condições de receber outro tratamento à base de quimioterapia, ela foi encaminhada sem esperança para uma longa cirurgia. Sem esperança para os médicos, porque Káritas jamais deixou de ter fé, e sua luta e confiança em Deus comoviam a todos os seus familiares e amigos.

Ao contrário do que se pode imaginar, aquela jovem esbanjava alegria e suas palavras eram de ânimo e incentivo a todos que viviam à sua volta, principalmente sua mãe, que sempre esteve ao seu lado, apesar do cansaço imposto por toda aquela situação que envolvia sua amada filha. A fé da jovem comovia a todos, pois em nenhum momento ela deixou de confiar em Deus e adorá-Lo.

Tudo pronto para a cirurgia. Os médicos preparados, porém muito preocupados, levaram-na para o centro cirúrgico. Ao abrirem o corpo da jovem para a operação, a surpresa. No lugar dos tumores detectados por exames avançados havia apenas cicatrizes, como as de uma ferida já curada. Aos olhos dos médicos, uma loucura, algo inexplicável; aos olhos de Káritas, o agir de Deus em sua vida. Todos ficaram atônitos, sem compreender o que estava acontecendo, menos ela.

Se buscarmos explicações racionais para entender um milagre, jamais vamos encontrar. Muitos homens buscam respostas que jamais terão, se não buscarem intimidade com Deus e andarem segundo a vontade Dele, amando-O verdadeiramente e com entendimento. É como disse o apóstolo Paulo na carta que escreveu aos Coríntios: "Olho nenhum viu, ouvido nenhum ouviu, mente nenhuma imaginou o que Deus preparou para aqueles que o amam" (1Co 2:9 NVI).

Após a sua recuperação e alta do hospital, a moça resolveu acrescentar mais emoção em sua existência e na vida de seus familiares. Enlouquecendo os médicos que a atendiam, ela decidiu sonhar. Um sonho que poderia ser comum a qualquer mulher se não fosse pelos problemas que ela havia passado. Um sonho que, para todos nós, era impossível e, para a medicina, improvável. Ela queria ser mãe. Isso mesmo! Seu desejo de ser mãe era tão grande que até se esqueceu que o longo tratamento de quimioterapia havia matado muitas células importantes e comprometido vários órgãos do aparelho reprodutor, entre eles o ovário, ou seja, impossível realizar seu sonho. Impossível aos olhos humanos ou aos olhos naturais, mas aos olhos espirituais de Káritas, aquele sonho poderia se realizar.

Certa vez, ensinando aos seus discípulos, Jesus falava sobre renúncia e do quanto as riquezas nos atrapalham a encontrar o verdadeiro caminho para a salvação. Foi logo depois do episódio do jovem rico que queria seguir a Jesus, mas se recusou a abrir mão de suas riquezas. Ao final, Jesus disse que seria mais fácil entrar um camelo pelo furo de uma agulha do que entrar um rico no Reino de Deus (Lc 18:18-25). Os que ouviam lhe perguntaram: "Então quem poderá ser salvo?". E Jesus lhes respondeu: "O que é impossível para os homens é possível para Deus". (Lc 18:26,27 NVI).

A fé de Káritas a fazia acreditar que era possível, mas, então, algumas providências deveriam ser tomadas. O improvável e o sobrenatural só podem vir de Deus, mas aquilo que é possível e natural nós é quem devemos fazer. Foi o que aconteceu quando Jesus ressuscitou Lázaro. A ele pertencia o poder da ressurreição, mas antes de operar o milagre, pediu que removessem a pedra (Jo 11:38-44).

Para recebermos o milagre precisamos remover as pedras que nos impedem de ouvir o chamado de Deus; as coisas naturais deverão ser feitas por nós e a Deus compete fazer o sobrenatural. A Káritas competia, além da fé, conhecer alguém e se casar. Ela manteve vivo o sonho de ser mãe por mais que pudesse parecer inalcançável, até que um dia... Não sei se uma terça-feira, como a de Rafael, mas um dia daqueles preparados por Deus, ela conheceu Marquinhos e se apaixonou por ele.

Quem é Marquinhos?

Marquinhos vinha de uma família completamente desestruturada. Ele não conheceu o pai e sua mãe era usuária de drogas. O vício era tão grande que ela havia chegado a um estágio quase sem volta. As drogas mais leves já não a satisfaziam, então ela passou a injetar heroína nas veias. Ela havia chegado ao fundo do poço.

Aos dez anos, Marquinhos, que era constantemente agredido por sua mãe e passava muita fome por falta de alimento em casa, viu-se obrigado a fugir e passou a viver nas ruas. Imagine uma criança de dez anos enfrentando a fome, o frio, a disputa por um espaço e sem nenhuma proteção, exposto aos perigos de uma vida noturna nas ruas da cidade. As consequências são inevitáveis. Muitas vezes, quando não conseguia comida, ele recorria às latas de lixo. Você consegue imaginar como é alguém tirando restos de comida do lixo para matar a fome? Se você nunca viu uma cena dessas, não conseguirá imaginar. Quando ouvi o testemunho da boca do próprio Marquinhos, até tentei imaginar, e pensei ter conseguido, mas alguns dias depois fui surpreendido pela realidade. Ao passar perto de uma padaria, vi uma pessoa tirando restos de comida de um saco de lixo e levando à boca com a vontade de quem estava diante de um banquete, mas era alguém que há dias não se alimentava. Foi a cena mais chocante que eu presenciei em toda a minha vida.

Nas ruas, Marquinhos foi maltratado e explorado por pessoas mais velhas. Ele conheceu o sofrimento, o desprezo, o medo e a extrema miséria.

Certo dia, quando ainda tinha onze anos, convencido por alguns amigos, Marquinhos decidiu se divertir na praia. Conseguiu embarcar em um trem que seguia para o litoral de seu estado e, sem dinheiro, partiu, com uma única roupa e, nos pés, um par de tênis que ganhara de uma tia, a única parente que manteve contato com ele, mesmo que remotamente.

Lá se foram eles em busca de aventura e diversão. Três amigos, três crianças, três seres indefesos que estavam aprendendo a sobreviver na escola da vida. A viagem de Marquinhos mal havia começado, mas foi bruscamente interrompida. Alguém olhou para seu tênis e gostou, e pensou que pudesse tomar posse dele. Os ladrões foram para cima do menino e roubaram seu tênis, e como se não bastasse, depois de uma luta corporal, jogaram Marquinhos para fora do trem. Você deve estar com sentimento de pena, imaginando que ele perdeu apenas um par de tênis e uma viagem para o litoral, mas não foi só isso que aconteceu.

Ao cair do trem, Marquinhos foi prensado entre o trem e a plataforma da estação e, com isso, teve as duas pernas amputadas. Aquele menino que estava praticamente começando a vida, sem ter sequer o básico, foi violentamente agredido e teve seus membros inferiores arrancados do corpo. Pensa que acabou? O menino ainda ficou preso no trem e foi arrastado até uma cidade. Somente quando o trem parou na estação seguinte foi que viram aquele menino inconsciente, sem as pernas, enroscado entre as ferragens.

Levado ao hospital, Marquinhos ficou uma semana em coma profundo e não aguentou, seu coração parou de bater. Os médicos tentaram reanimá-lo, porém era tarde e o deram como morto. Levaram-no para o necrotério e o colocaram numa espécie de geladeira para preservar o corpo até que encontrassem um parente. Como a cidade em que ele morava não era tão grande, logo encontraram a sua tia. Muito triste, ela providenciou um caixão e tratou de ir atrás dos trâmites para o sepultamento.

Enquanto isso, no necrotério, Marquinhos recebia um grande milagre. Não sei se há uma escala de importância para os milagres de Deus, mas, se houver, o que Marquinhos recebeu, com certeza, estará no topo da lista, pois foi agraciado com o milagre da ressurreição, assim como aconteceu com

Lázaro. O menino acordou e, como não podia ser diferente, sentindo muito frio.

Marquinhos não sabia o que estava acontecendo e muito menos onde estava. Sei que você, ao ler este relato, pode estar impactado ou até mesmo sem acreditar no que está lendo, mas diante de um assunto tão tenso e de tamanha tristeza, tenho uma coisa maravilhosa para dizer a você: um dia, todos nós ressuscitaremos, e não será para vivermos a mesma vida de agora, será para uma nova vida na eternidade. Para isso, basta crermos em Jesus Cristo.

A funcionária do necrotério levou um grande susto ao ver o menino reclamar de frio e todos ficaram pasmados, sem entender o que estava acontecendo. O fato era que Marquinhos estava vivo. Então, tiraram-no daquele lugar e o levaram de volta ao hospital, onde ficou internado por mais algumas semanas. No entanto, sua recuperação não foi como o esperado e Marquinhos, acometido por uma forte infecção hospitalar, sentiu-se mal, e vendo o mundo girar à sua volta sem condições nem para pedir ajuda, foi se entregando e ficou inconsciente.

A partir dali, Marquinhos não se lembra de mais nada. Depois de algumas horas ele foi retomando a consciência aos poucos, porém, sem se lembrar do que havia acontecido e sentindo muito frio. Em seus pensamentos dizia: "Eu já senti esse frio antes!". De repente, levantou-se e viu que estava novamente na câmara fria do necrotério. Isso mesmo, pela segunda vez em um curto período tempo ele foi dado como morto, mas retornou à vida. Lázaro, amigo de Jesus, ressuscitou uma única vez, mas Marquinhos, pela segunda vez, e olha que nem conhecia ainda o seu Salvador. Deus já estava agindo sem que ele soubesse.

Muitas vezes não percebemos o agir de Deus em nossas vidas. Pensamos estar sozinhos, desamparados, fechamos os olhos e não enxergamos os milagres que Deus opera em nosso favor. Lembra da história de Mardoqueu, no livro de Ester? Ele descobriu uma conspiração para tirar a vida do rei Assuero e o avisou a tempo. O rei mandou matar os homens que conspiravam contra ele, porém, nem se lembrou de honrar a vida do homem que o salvou. Passados alguns anos, Hamã, um homem de confiança do rei Assuero e o mais poderoso entre os conselheiros do rei, desejou tirar a vida de Mardoqueu e, para isso, mandou construir uma forca, na qual iria executá-lo em praça pública.

Mardoqueu nem imaginava o que estava para acontecer, mas Deus estava agindo a seu favor. Na mesma noite em que estava sendo construída a forca, o rei teve uma insônia e não conseguiu dormir. Ao pedir para um de seus servos ler o livro das crônicas do rei, caiu justamente na parte em que relatava que Mardoqueu havia descoberto a conspiração para tirar sua vida e o informou. O rei, então, perguntou aos que liam o livro sobre o que haviam feito para Mardoqueu como forma de agradecimento, e a resposta foi que nada fizeram.

Ao amanhecer, o rei pediu que honrassem Mardoqueu e ao saber que Hamã conspirava contra ele, e também contra seu povo, de onde descendia a rainha, Assuero mandou que executassem Hamã em sua própria forca (para ver a história completa leia o livro de Ester, na Bíblia Sagrada). Naquela noite, Mardoqueu nem imaginava que o inimigo preparava a sua forca e menos ainda que Deus trabalhava em seu favor, tirando o sono do rei. Muitas vezes, nós também não percebemos que Deus está nos ajudando e creditamos nosso sucesso à sorte ou à nossa competência. Enquanto nosso inimigo trabalha para nos desanimar e até nos matar, Deus nos protege sem alarde.

Mesmo quando tudo parece que está dando errado, Deus está conosco.

Após mais alguns dias de internação, Marquinhos recebeu alta do hospital e foi para a casa de sua tia. Sua vida teve uma reviravolta totalmente inesperada. O agora jovem Marquinhos conheceu três coisas importantes para sua vida. Durante seu tratamento de fisioterapia, ele conheceu o basquete sobre cadeiras de rodas; isso fez grande diferença em sua vida, dando-lhe nova motivação para viver. Depois disso, conheceu também uma moça pela qual se apaixonou, a Káritas, lembra dela? E, por fim, a maior graça que um ser humano pode receber: conheceu a Jesus Cristo, o filho de Deus.

Marquinhos se tornou um dos melhores jogadores de basquete sobre rodas do Brasil e do mundo. Convocado para a seleção paraolímpica, tornou-se conhecido no meio e foi contratado por um clube da Itália. Constituiu uma linda família e hoje é pai de três lindos filhos.

Você pode estar se perguntando: com quem teve os filhos?

Quando se conheceram, Marquinhos e Káritas continuaram na presença de Deus e os milagres não cessaram em suas vidas. Mesmo com seu ovário comprometido e todos os órgãos reprodutores queimados pelo longo tratamento de quimioterapia, Káritas, contrariando toda a ciência e teorias da medicina, ficou grávida três vezes e teve filhos perfeitos.

Como pode ter acontecido isso depois de tudo que ela passou? A maioria das pessoas não vai entender porque o homem natural não compreende as coisas do Espírito de Deus, porque lhe parecem loucura; e não pode entendê-las porque se discernem espiritualmente (1Co 2:14).

Aquela menina que desde muito jovem teve que enfrentar graves problemas de saúde e tinha tudo para desistir ou para ser uma pessoa amarga e revoltada com a vida, recusou-se a se curvar diante das dificuldades e decidiu ser uma vitoriosa, vivendo o sobrenatural de Deus e levando a vida com alegria e fé. Quando pode e é convidada, a família vai a igrejas e a encontros de casais para dar testemunho dos milagres de Deus. Essa família é testemunha viva do poder e do amor de Deus.

O deserto pelo qual passaram Káritas e Marquinhos serviu para fortalecê-los e para ajudar outras pessoas que passam por problemas achando que não têm solução. É claro que as sequelas e as cicatrizes são grandes na vida dos dois, mas isso não os impede de serem felizes, de sonhar e, principalmente, de ajudar outras pessoas a se levantarem dos tombos da vida.

Capítulo 13

O deserto é uma grande escola. Quando passamos por ele aprendemos a lutar, tornamo-nos mais fortes e crescemos em todos os sentidos, principalmente, na parte espiritual.

O deserto é um local bastante seco, onde quase não chove, o solo é formado basicamente por areia e pedra e, normalmente, faz muito calor durante o dia e muito frio durante a noite. A vegetação é muito restrita por causa da pouca quantidade de água. Para o ser humano, sobreviver no deserto é quase impossível. Até mesmo passar por ele é muito difícil, exige muita resistência e um esforço quase sobrenatural.

Nós vivemos em constante movimento e, muitas vezes, até quando parece que está tudo bem nos deparamos com o deserto. Ele pode ser grande ou, às vezes, parecer-se com pequenos bancos de areia, mas, para atravessá-lo, exige-se muito esforço. Se você já andou sobre areia solta sabe o esforço que é preciso fazer para mudar os passos. Somam-se a isso um calor abrasador, falta de alimentos e, principalmente, escassez de água. Pode ser que você já tenha passado por isso na sua vida, pode ser que esteja passando. A boa notícia é que tudo passa e esse momento vai passar. A má notícia é que esses momentos vão e voltam e, por isso, temos de estar sempre preparados. Então, a melhor maneira de passar por isso é tirar proveito dos momentos difíceis e aprendermos todas as vezes que passarmos por eles.

Obviamente, o deserto aqui é no sentido figurativo. O deserto pode ser emocional, financeiro, conjugal, familiar, social, profissional e religioso, entre muitas outras coisas. Deserto é sinônimo de dificuldade, de momento crítico e de luta pela sobrevivência.

Foi no deserto que o povo de Israel aprendeu a lutar, foi lá também que Deus estabeleceu o Seu plano de relacionamento e construiu uma aliança com Seu povo, e toda vez que precisa ensinar alguma coisa para alguém, Ele usa o deserto. Foi assim que Ele fez com Adão, quando este pecou e foi expulso do jardim; com Abraão, quando houve fome na Terra e ele teve que peregrinar atrás de comida; com Elias, com Pedro, com Paulo, comigo e, se necessário, fará com você, se é que já não está fazendo. Até Jesus foi levado ao deserto logo após seu batismo, antes de começar a anunciar a todos o Reino de Deus.

Mas nenhuma história é tão emblemática quanto a de Moisés conduzindo o povo de Israel da escravidão do Egito até a terra prometida. Escrevi sobre isso no livro *Não fique pelo caminho* e creio que você já conheça a história, mas é sempre bom lembrar.

José, um dos filhos de Jacó, vítima da inveja, foi vendido por seus irmãos a uma comitiva de ismaelitas mercadores que, por sua vez, venderam-no como escravo ao comandante da guarda real do Egito, chamado na Bíblia de Potifar, o eunuco do faraó. Depois de algum tempo trabalhando na casa de Potifar, José chamou a atenção para si e o eunuco percebeu que havia algo de diferente naquele jovem, pois tudo que ele fazia prosperava, e por isso o colocou como responsável por toda a sua casa e todos os seus bens. Diz a Bíblia que Deus passou a abençoar a casa do eunuco por causa de José.

O problema foi que José conquistou não apenas a confiança do eunuco, ele também chamou a atenção da esposa de Potifar, que o desejou muito e partiu para cima dele com todo o seu poder de sedução. Porém, José, totalmente fiel ao seu patrão, jamais se deixou seduzir pela mulher. Revoltada, ela o acusou injustamente de tentar violentá-la, o que fez com que José fosse parar na prisão.

Mesmo encarcerado, José continuava fiel e mostrando que tinha Deus em sua vida. Na prisão, conquistou a amizade do chefe do cárcere e passou a ajudá-lo no cuidado com os outros presos. Foi assim que José conheceu o copeiro do rei, que, por algum tempo, esteve encarcerado com ele. E após ter um sonho, recebeu a revelação, através de José, e foi solto dias depois, exatamente como José lhe havia dito.

Quando José interpretou o sonho do copeiro, fez-lhe um único pedido: que quando chegasse à presença do faraó, falasse ao rei sobre a injustiça que sofrera. Porém, o copeiro não se lembrou dele. Passados dois anos, a vida seguia normalmente no palácio quando o faraó também teve um sonho e ficou muito ansioso para saber o que significava aquilo que havia sonhado. Mandou chamar todos os magos e sábios do Egito e contou a eles o sonho em busca de uma resposta, mas não havia ninguém que pudesse revelar a ele o significado do sonho. Foi só aí que o copeiro se lembrou de José e contou sobre ele ao faraó. O rei mandou chamá-lo imediatamente na prisão.

José estava preso havia muitos anos. Sua vida devia ser uma grande rotina naquele cárcere, porém, naquele dia, no dia em que foi chamado por faraó, José acordou, provavelmente imaginando ser apenas mais um dia em que ele faria uma limpeza, providenciaria a alimentação dos presos, conversaria um pouco com eles. Mas não foi isso o que aconteceu. Sua história mudaria novamente, mas, dessa vez, com a clareza de que Deus estava agindo em seu favor. José acordou um prisioneiro e foi dormir governador do Egito.

Quando levaram José à presença do faraó, o rei lhe contou o sonho. Disse que havia sonhado com sete vacas gordas e sete vacas magras, e que as gordas eram comidas pelas magras. José lhe disse que as vacas gordas significavam sete anos de muita fartura de alimentos e que as vacas magras representavam sete anos de fome. As magras comiam as gordas simbolizando que os sete anos de fome iriam superar em muito os sete anos de fartura, fazendo com que a fome imperasse em toda a Terra.

O conselho de José foi para que o faraó economizasse na comida durante os anos de fartura para que não faltasse alimentos nos anos seguintes. O conselho foi bem recebido pelo faraó, que também percebeu algo diferente em José, e o designou ao cargo de governador do Egito.

O inesperado aconteceu na vida de José. Ele passou por um grande deserto antes de ser exaltado. Passar os primeiros dezessete anos de vida convivendo com o ódio dos irmãos mais velhos não deve ter sido nada fácil; ser jogado em um buraco e depois ser vendido pelos irmãos como se fosse uma mercadoria qualquer deve ter sido angustiante; trabalhar como escravo na casa de um egípcio ainda que com certas regalias também não deve ter sido fácil; e ser encarcerado por causa de uma acusação injusta foi a gota d'água que faltava, sem contar que foi esquecido durante dois anos e só foi lembrado porque o copeiro quis agradar ao faraó (a história de José está narrada nos capítulos de 37 a 50 do livro de Gênesis, na Bíblia Sagrada).

Depois do deserto veio a bênção, pois José não só se tornou governador do Egito como também perdoou seus irmãos e levou toda a família, cerca de setenta pessoas, para morar com ele. No Egito, único país onde havia comida naquele momento, a família de José teve uma cidade só para ela e vivia muito bem, sob os cuidados do governador, que era muito querido pelo faraó.

O problema é que aquele não era o lugar que Deus havia preparado para os hebreus. Eles foram para lá a fim de encontrar comida, mas se acomodaram com as mordomias oferecidas e esqueceram-se da aliança que Deus havia feito com Abraão e da terra onde teriam que habitar.

Muitas vezes entramos numa zona de conforto e deixamos de fazer a vontade de Deus. Nem sempre fazer a vontade de Deus é algo que nos agrada ou que nos traz benefício imediato, e isso faz com que desistamos da caminhada porque buscamos coisas que nos dão prazer e que nos agradam, mesmo quando não é a melhor opção. Deus tem uma aliança conosco, que se cumpriu através do Messias. É a nova aliança que foi estabelecida através da morte e ressurreição de Jesus Cristo. A nossa parte é apenas acreditar e a parte de Deus é nos levar para a eternidade com Ele. A parte do povo hebreu também era confiar em Deus e manter-se fiel a Ele, porém eles não conseguiram. Será que nós conseguimos fazer a nossa parte?

Alguns anos após a morte de José, morreram também seus irmãos e toda aquela geração que havia saído de Canaã para habitar no Egito. Morreu também o faraó e um novo rei assumiu a coroa egípcia, um rei que não conhecera a José e não sabia da sua atuação em favor do Egito.

Como o povo hebreu era muito fértil e se multiplicou rapidamente, o novo faraó ficou muito receoso de que os hebreus pudessem se rebelar e se juntar aos inimigos em alguma batalha contra o Egito. Então, ele decidiu submetê-los a uma dura servidão, escravizando-os, imaginando que isso pudesse conter o seu crescimento. Foi assim que o povo de Israel se tornou escravo no Egito.

O que o faraó não sabia é que essa era uma promessa de Deus a Abraão, que sua descendência seria muito numerosa; portanto, quanto mais o povo hebreu trabalhava, mais se multiplicava, e esse assunto começou a tirar o sono do faraó, que não se conteve e decidiu tomar uma providência mais dura. Chamou as parteiras do Egito e determinou que quando fossem ajudar as hebreias a dar à luz, que deixassem sobreviver apenas os bebês que fossem do sexo feminino. Se fossem meninos, teriam que matá-los e, provavelmente, diriam que fora complicação do parto.

Ocorre que as parteiras, mesmo correndo um sério risco, não obedeceram às ordens do faraó e deixaram viver todas as crianças independentemente do sexo. Essa informação não demorou muito para chegar aos ouvidos do rei, que as chamou imediatamente e as interrogou, e elas, para se livrarem, disseram que as mulheres hebreias eram muito fortes e que quando chegavam para ajudá-las, os bebês já haviam nascido há muito tempo.

O faraó ficou furioso e deu ordem para que jogassem no rio todas os recém-nascidos do sexo masculino. Foi nesse contexto, exatamente no período da matança, que nasceu um personagem que se tornaria uma das pessoas mais importantes da história de Israel e, por que não dizer, da humanidade. Seu nome era Moisés. Depois de nascido, sua mãe conseguiu escondê-lo por três meses, porém, temendo muito que os egípcios descobrissem e o matassem, fez o que o faraó queria: colocou-o no rio, entretanto, não para matá-lo, mas para protegê-lo.

Moisés foi colocado num cesto impermeabilizado com betume e cuidadosamente posto no rio, na esperança de que pudesse ser encontrado por alguém que tivesse condições de criá-lo longe da presença dos egípcios. Foi o que quase aconteceu. O menino foi encontrado pela filha do faraó, que se banhava com algumas servas num determinado ponto do rio, e quando viu o menino, mesmo reconhecendo que era filho de hebreus, decidiu ficar com ele.

A irmã mais velha de Moisés, provavelmente Miriã, que havia seguido o cesto para ver onde pararia, apresentou-se à filha do faraó e sabiamente se ofereceu para conseguir alguém que cuidasse do menino, inclusive, imagino eu, alguém que pudesse amamentá-lo, pois, como vimos antes, ele tinha apenas meses de vida. A jovem, filha do faraó, achou prudente aceitar a ajuda da menina e a autorizou a ir em busca de alguém que pudesse criar o menino; e foi além, ofereceu um salário como ajuda de custo para quem aceitasse.

Assim, Moisés foi levado de volta para sua mãe, que não só recebeu para cuidar dele como também tinha a proteção da filha do faraó, que garantiu que ninguém tocaria no menino. Depois de certa idade, que a Bíblia não revela qual, diz apenas que era um menino já grande, acredito que ainda criança, Moisés foi levado ao palácio e adotado definitivamente pela filha do faraó.

O tempo passou e Moisés se tornou um homem. Penso que não deve ter tido uma vida fácil, vivendo sob a desconfiança de todos. Os egípcios deviam olhar para ele com certo desprezo por ser filho dos escravos e os hebreus talvez o vissem como um egípcio.

Capítulo 14

Moisés começou a visitar o seu povo e, segundo a Bíblia, ele atentou para as suas cargas, isto é, ele se incomodou com a situação pela qual passavam os hebreus. Moisés devia ficar muito triste em ver seu povo trabalhando duramente como escravo sem poder fazer nada. Certo dia, durante uma visita aos hebreus, Moisés, agora com quarenta anos, viu um egípcio ferindo um de seus irmãos. Apesar de ser homem pacífico e manso, não se conteve, e na vontade de defender o oprimido acabou matando o egípcio.

Com medo da reação do faraó, Moisés fugiu para bem longe, saindo das divisas do Egito decidido a nunca mais voltar. Atravessou dois desertos, o Sinai e o de Parã, até chegar às terras de Midiã, onde estabeleceu sua morada e constituiu família.

O tempo passou, como sempre passa, e Moisés levava a vida tranquilo, ajudando seu sogro no pastoreio do rebanho, e, àquela altura, com oitenta anos de idade, parecia que não teria mais tantas emoções para viver e tinha a perspectiva de não muitos anos de vida. Isso é o que nós imaginamos ou que talvez ele pensasse, mas Deus tinha muitos planos para ele.

Certo dia, Moisés, cuidando do rebanho de seu sogro no deserto, decidiu ir ao monte Horebe, lugar que a Bíblia destaca como o monte de Deus, também conhecido como monte Sinai, isso porque ficava no deserto chamado Sinai. A Bíblia não diz o que Moisés foi fazer lá, mas podemos deduzir que tenha ido orar ou foi atraído por alguma coisa que tenha visto. O importante aqui não é a intenção de Moisés ao subir ao Horebe e, sim, o que aconteceu quando lá chegou.

No alto do Horebe, Moisés viu um anjo no meio de uma sarça que ardia em chamas, porém o fogo não a consumia. Ele imaginou ser uma miragem ou algo parecido e pensou em olhar novamente com mais atenção, mas quando ainda decidia se olhava ou não, achando que nada mais pudesse acontecer, Moisés ouviu uma voz. Era Deus falando com ele.

Moisés pastoreava o rebanho de seu sogro Jetro, que era sacerdote de Midiã. Um dia levou o rebanho para o outro lado do deserto e chegou a Horebe, o monte de Deus. Ali o Anjo do Senhor lhe apareceu numa chama de fogo que saía do meio de uma sarça. Moisés viu que, embora a sarça estivesse em chamas, esta não era consumida pelo fogo. "Que impressionante!", pensou. "Por que a sarça não se queima? Vou ver isso de perto". O Senhor viu que ele se aproximava para observar. E então, do meio da sarça, Deus o chamou: "Moisés, Moisés!". "Eis-me aqui", respondeu ele. Então disse Deus: "Não se aproxime. Tire as sandálias dos pés, pois o lugar em que você está é terra santa".

(Êxodo 3:1-5)

Ali começava uma relação de intimidade jamais vista entre Deus e um homem.

Moisés falava com Deus quando quisesse e Deus respondia, eles falavam face a face. Quando os irmãos de Moisés, Miriã e Arão, rebelaram-se contra ele, Deus o defendeu diante deles (Nm 12:1-9). Moisés chegou a aconselhar o Senhor e, por incrível que pareça, seus conselhos foram ouvidos (Nm 14:11-20). Sem dúvidas, Moisés tinha uma intimidade incomparável com o Criador.

No alto do Horebe, no meio da sarça ardente, Deus revelou seu plano a Moisés e disse a ele que chegara a hora de libertar seu povo da escravidão do Egito e que ele, Moisés, tinha sido o escolhido para liderar e conduzir o seu povo desde a saída do Egito, na travessia do deserto, até a chegada à terra prometida. Porém, antes de tudo isso, Moisés teria que convencer o seu povo a segui-lo e depois convencer o faraó do Egito a abolir a escravidão dos hebreus.

É óbvio que Moisés não tinha uma missão muito fácil pela frente. Ele tinha uma grande dificuldade para falar e em sua bagagem levava somente um cajado e a confiança em Deus. Convencer o povo já não seria tarefa fácil, mas convencer o faraó seria quase impossível. Obviamente, Deus lhe deu uma grande ajuda, primeiramente falando também com Arão, convencendo-o de que deveria ir ao encontro de Moisés e ser o seu porta-voz e, depois, agindo duramente contra o faraó e o Egito, usando o sobrenatural para mostrar que era impossível resistir à Sua vontade.

A primeira missão não foi assim tão difícil. Moisés e Arão reuniram-se com os anciãos e os convenceram de que Deus havia ouvido o clamor do povo e que estavam ali para cumprir uma determinação do Senhor, mas quando falaram com o faraó, este ficou muito irritado e aumentou ainda mais a carga de trabalho sobre os hebreus.

Moisés enfrentou a primeira de muitas revoltas do povo contra ele. Inconformadas, as pessoas o questionaram duramente e não se conformavam com a situação que foi criada depois que Moisés e Arão falaram ao faraó. Até Moisés ficou em dúvida e também foi questionar a Deus, porém tudo estava sob controle, eles é que não sabiam.

Muitas vezes nos desesperamos achando que nossa vida está fora de controle. Tudo parece dar errado, causando uma enorme insegurança em nós, levando-nos a pensar que estamos no caminho errado; entretanto, a partir do momento em que entregamos a nossa vida a Deus, tudo estará sob controle, até quando parece que nada dá certo. É só uma questão de tempo e tudo se alinha. Precisamos saber esperar e confiar.

O Senhor tranquilizou Moisés e disse que por mão poderosa tiraria o povo do Egito, e foi o que aconteceu. Deus precisava endurecer o coração do faraó para que seu povo compreendesse que era totalmente dependente dele. Se o povo fosse liberto através de um convencimento do faraó, jamais acreditaria que tinha sido pelas mãos de Deus.

Depois disso veio tudo aquilo que nós já sabemos, a resistência do faraó, as pragas do Egito e, por fim, a libertação, que aconteceu com a instituição da Páscoa (Êxodo, capítulos de 7 a 12).

O povo estava indo embora, a caminho da terra prometida. Posso imaginar os sentimentos de alegria, esperança, mas, ao mesmo tempo, de incertezas. Era muita gente a ser conduzida e nenhum homem seria capaz de cumprir aquela missão senão Moisés. Por que ele era o melhor? Não! Porque Deus o escolheu. A intimidade que Moisés tinha com Deus foi o que o manteve na liderança e o capacitou para comandar aquela missão que seria impossível para qualquer homem comum, a missão de conduzir uma multidão por um imenso deserto. Estamos falando de cerca de um milhão de pessoas. A Bíblia diz que eram seiscentos mil homens (Ex 12:37), sem contar crianças e mulheres. Havia muitos animais também.

Podemos imaginar as dificuldades que devem ter existido na viagem. Conseguir alimentação para todas as pessoas e também aos animais não devia ser tarefa fácil; o banho não era com frequência, mas as necessidades fisiológicas são inadiáveis; precisavam de água para beber; transportar a bagagem, considerando que nela continha os utensílios de ouro e prata que eles ganharam das famílias egípcias antes da partida.

Temos que considerar também que tinham que levar suas tendas, além de outras dificuldades que pesavam na locomoção, tais como as enfermidades, os idosos, as crianças de colo, o calor do dia e o frio da noite, os que eram contra a missão, os que punham obstáculos em tudo, além das dificuldades naturais. Temos que reconhecer que não era uma situação confortável e que a decisão de partir e enfrentar o deserto exigia uma dose de coragem, esperança e fé.

Enfim, os hebreus estavam livres da escravidão do Egito, mas tinham uma grande caminhada pela frente. Entre a esperança de liberdade e a terra da promessa havia um deserto, lugar onde eles passariam os próximos quarenta anos e teriam muitas dificuldades e sofrimento, porém um lugar onde aprenderiam muito. O deserto é uma grande escola!

Capítulo 15

E aconteceu que, quando Faraó deixou ir o povo, Deus não os levou pelo caminho da terra dos filisteus, que estava mais perto; porque Deus disse: Para que, porventura, o povo não se arrependa, vendo a guerra, e tornem ao Egito.
Mas Deus fez rodear o povo pelo caminho do deserto perto do mar Vermelho; e subiram os filhos de Israel da terra do Egito armados.
E tomou Moisés os ossos de José consigo, porquanto havia este estreitamente ajuramentado aos filhos de Israel, dizendo: Certamente Deus vos visitará; fazei, pois, subir daqui os meus ossos convosco.
Assim, partiram de Sucote e acamparam em Etã, à entrada do deserto. E o Senhor ia adiante deles, de dia numa coluna de nuvem, para os guiar pelo caminho, e de noite numa coluna de fogo, para os alumiar, para que caminhassem de dia e de noite.

(Ex 13: 17-21 ARC)

Partiram os hebreus do Egito guiados por uma nuvem que os levou pelo caminho do deserto, próximo ao mar Vermelho, que era bem mais longo do que pela terra de Gaza, que seria praticamente uma linha reta, porém a região era habitada pelos filisteus, que respiravam sangue e tinham a guerra em sua rotina diária. Se vissem passar os hebreus por eles, com certeza os atacariam.

O povo de Deus havia crescido debaixo da servidão do Egito e por isso não aprendera a lutar, somente a trabalhar. Diante de uma situação de guerra, certamente iria sucumbir diante dos adversários. Era necessário prepará-lo para as batalhas que viriam pela frente, e Deus fez isso cuidadosamente. As dificuldades foram surgindo aos poucos e aumentando a cada dia, mas não podemos esquecer que em todo tempo Deus estava com Seu povo.

Os hebreus seguiram confiantes pelo deserto e poucos dias depois da partida acamparam próximo ao mar Vermelho. Parecia que não havia como avançar, pois diante deles estava o mar, e seguir para um dos lados não os levaria à terra prometida. Ficaram esperando o movimento da nuvem, porém parecia que a única opção seria abrir mão do sonho de morar em um lugar com liberdade e voltar para escravidão do Egito.

Entretanto, perceberam que nem a opção de voltar existia mais, pois quando olharam para trás, bem ao longe, no horizonte, viram uma grande nuvem de poeira alçada ao céu. Era o faraó, que havia se arrependido, e ao saber que estavam acampados, decidiu persegui-los com seu exército.

Pela segunda vez o povo se revolta contra Moisés. As pessoas diziam que preferiam continuar servindo aos egípcios do que morrer no deserto. Moisés tentou acalmá-los pedindo que confiassem em Deus, que o Senhor os livraria daquela situação. Foi um momento de muita tensão para todos, mas principalmente para o líder Moisés. Em sua frente, o mar impedindo sua passagem, dos dois lados não havia opção de fuga e, atrás, um exército furioso liderado por um rei revoltado, querendo derramar sangue para se vingar da vergonha e do sofrimento que passara diante do seu povo.

Nos momentos tensos quem mais sofre é aquele que tem de tomar as decisões, pois sobre seus ombros está a responsabilidade de um projeto, de uma batalha, de uma solução. Enfim, seja qual for a situação, envolve vidas, o peso da decisão é grande, e quando não se tem opções, a tensão aumenta. Entre os liderados estão muitos que confiam, os que desconfiam, os que se oferecem para ajudar, os que torcem para que tudo dê errado, os que trabalham para isso, os omissos, os desesperados, porém sobre o líder está a responsabilidade da decisão, que, certamente, não vai agradar a todos, mas chega um momento em que ela tem de ser tomada.

Aos olhos naturais, o líder Moisés estava sem saída. Olhando para frente, para os lados e para trás, o que se via eram obstáculos. Moisés, então, olhou para o único lugar de onde poderia vir o socorro. Olhou para cima e de lá é que veio a solução. É isso! Quando não temos mais para onde olhar, precisamos olhar para o alto e clamar. Foi o que fez Moisés.

A resposta de Deus foi surpreendente.

"Por que clamas a mim? Dize aos filhos de Israel que marchem.

E tu, levanta a tua vara, e estende a tua mão sobre o mar, e fende-o para que os filhos de Israel passem pelo meio do mar em seco" *(Ex 14:15, 16).*

Espere um pouco. É isso mesmo que Ele está dizendo? Que basta Moisés estender a mão sobre o mar e ele se abrirá? Havia uma passagem secreta? O Senhor é o Deus do sobrenatural!

Lembra-se da nuvem que os guiava? Pois é, a nuvem saiu de diante deles e se colocou atrás, entre os israelitas e os egípcios, tornando-se escuridão para estes, de forma que não enxergavam nada a sua frente. Isso os impediu de chegarem ao povo de Deus até que ele passasse pelo mar.

Lá na frente, Moisés estendeu o seu cajado em direção ao mar, que se abriu, formando duas paredes de águas, com um corredor seco ao meio, por onde toda a caravana de Israel passou em segurança. Depois que haviam passado, chegaram os egípcios e foram atrás, mas quando estava todo o exército no meio do caminho, Moisés tornou a estender sua mão e as águas se fecharam em cima dos egípcios sem deixar um sobrevivente sequer. No outro lado do mar o povo de Israel comemorava com cantos, danças e muita alegria (Êxodo, capítulos 14 e 15).

Capítulo 16

Apesar da euforia que se instalou entre os israelitas, a viagem estava apenas começando. Eles haviam passado o primeiro de muitos obstáculos. Estavam matriculados na escola chamada deserto, mas tinham passado apenas pelo ensino infantil e agora estavam credenciados a ingressar no ensino fundamental. Começava, ali, uma verdadeira história de luta, sofrimento, rebeldia e de muito aprendizado.

A essa altura, depois de alguns dias de sua partida do Egito, os hebreus já não tinham mais água, nem comida. Mais de um milhão de pessoas com sede, andando por três dias no deserto de Sur, sem encontrar água para beber, até que chegaram ao deserto de Elim, a um lugar chamado Mara, onde encontraram água suficiente para todos. Suficiente, porém, impossível de beber. O nome Mara significa amarga, e o lugar recebeu esse nome porque suas águas eram muito amargas, a ponto de ninguém conseguir bebê-las.

Mais um momento de revolta, de tensão, e mais uma pressão sobre o líder Moisés, que, lembrando, tinha oitenta anos. Mais uma vez Moisés clamou a Deus e mais uma vez foi atendido. Deus mandou que Moisés atirasse um galho de árvore sobre as águas e imediatamente elas se tornaram doce e todos puderam beber e matar a sede.

Aqui você já pode estar pensando que Deus estava sendo cruel demais com seu povo e que, talvez, os israelitas murmurassem com certa razão, afinal, quando estavam no Egito, apesar de trabalharem como escravos, dormiam em suas casas e tinham comida e bebida à vontade. Foi o que eles também pensaram quando chegaram ao deserto de Sim, quarenta e cinco dias depois de sua partida, quando a fome apertou de vez.

> *Toda a comunidade de Israel partiu de Elim e chegou ao deserto de Sim, que fica entre Elim e o Sinai. Foi no décimo quinto dia do segundo mês, depois que saíram do Egito.*
> *No deserto, toda a comunidade de Israel reclamou a Moisés e Arão.*
> *Disseram-lhes os israelitas: "Quem dera a mão do Senhor nos tivesse matado no Egito! Lá nos sentávamos ao redor das panelas de carne e comíamos pão à vontade, mas vocês nos trouxeram a este deserto para fazer morrer de fome toda esta multidão!".*
> *Disse, porém, o Senhor a Moisés: "Eu lhes farei chover pão do céu. O povo sairá e recolherá diariamente a porção necessária para aquele dia. Com isso os porei à prova para ver se seguem ou não as minhas instruções".*
> *(Ex 16: 1-4 NVI)*

Uma das coisas que nos faz abandonar a fé é a lembrança do passado. Seguir o caminho traçado por Jesus nos traz muitas dificuldades e embaraços, e por isso exige de nós muito esforço e disposição. As dificuldades aparecem e com elas o nosso lado murmurador, muitas vezes sem a gente perceber. Não é preciso olhar para o céu e gritar, brigar com Deus para ser um murmurador. Muitas vezes fazemos isso por uma simples comparação com aqueles que estão fora da fé.

O pensamento nos trai quando fazemos comparações e tentamos imaginar nossa vida sem a presença de Deus. Lembramos das coisas prazerosas que deixamos de fazer, mas nos esquecemos da escravidão que o pecado nos impõe. No texto que vimos anteriormente, o povo de Israel sentia saudades das vezes que se sentavam ao redor das panelas de carne, mas não se lembravam de que no dia seguinte estavam debaixo das chicotadas e da servidão.

Lembramos dos amigos de boteco, dos porres, das mulheres, das baladas, das aventuras muitas vezes regadas por drogas, bebidas e prostituição, das mesas fartas promovidas pelo dinheiro de furtos e roubos, das cenas pornográficas e de mulheres ou homens nus, enfim, não sei onde você se encaixa, mas sempre que sentimos saudades de qualquer dessas coisas, esquecemo-nos do quanto elas nos escravizavam. O pecado nos tira do deserto temporariamente, mas depois nos abandona e o que fica é a angústia, a depressão, a tristeza, e tudo isso faz parecer que nossas vidas sem essas coisas não fazem sentido e voltamos para elas buscando a felicidade onde não existe. Buscamos a alegria naquilo que é responsável pela nossa tristeza.

Sabe qual é a nossa sorte? É que Deus nos ama demais e as Suas misericórdias não têm fim. Deus tem um plano de salvação para todos nós, e mesmo quando lutamos contra ou murmuramos, Ele está disposto a nos perdoar e nos aceitar de volta.

O povo de Israel se rebelou, mas Deus tinha um plano de libertação e ia concretizá-lo independentemente dos murmuradores. A partir daquele dia, Deus passou a alimentá-los diariamente no deserto com o Maná, o qual, segundo a Bíblia, era uma coisa miúda, parecida com flocos de gelo e com sabor de bolo de mel (Ex 16:14-31).

Capítulo 17

A viagem continuou pelo deserto de Sim, mas não demorou muito para surgir um novo problema e com ele uma nova revolta. A água que levavam pelo deserto havia acabado e o povo sentiu sede novamente. Dessa vez a coisa esquentou, o povo partiu para cima de Moisés e com muita revolta o pressionou a ponto de Moisés temer pela sua vida. Ele clamou a Deus temendo ser apedrejado pelo povo (Ex 17:4).

Será que deveríamos tentar entender o povo que realmente sofria por falta d'água ou seria incompreensível alguém testemunhar tantos milagres como foi o caso desde que Moisés voltou para o Egito e, mesmo assim, continuar desconfiando do cuidado e do poder Deus?

Você não acha que está na hora de você também confiar em Deus? Será que seu sofrimento supera o que Deus já fez em seu favor? Tente pôr na balança tudo o que você recebeu e depois tire uma conclusão. Não se esqueça de considerar todas as vezes que você acordou tendo uma nova chance de vida. Não sei sua idade, mas quero lembrá-lo de que para cada ano de vida você teve trezentas e sessenta e cinco novas oportunidades. Não se esqueça também de desconsiderar os problemas que você mesmo causou, não é justo culpar a Deus por eles. Some ao resultado final o sacrifício feito por Jesus ao ser pregado numa cruz para o perdão dos nossos pecados.

Não precisa divulgar o resultado, use-o somente para você. Os israelitas não fizeram essa comparação. Eles queriam mais, afinal, em seu pensamento só tinham lugar para jogar na cara de Moisés que fora Deus quem os colocara naquela situação. Só precisamos lembrar que foi pela acomodação de seus ancestrais que eles haviam passado quatrocentos anos no Egito. Lembremos também que, quando Deus escolheu Moisés para libertá-los, foi porque ouvira o seu clamor, ou seja, não estavam felizes naquela situação.

Você já ouviu a frase "Eu não pedi para nascer"? Num ato de ingratidão, muitas pessoas dizem isso, principalmente os adolescentes, quando querem justificar seus erros culpando os pais. É um pouco isso que os hebreus fizeram. O tempo todo lembravam Moisés que preferiam ter ficado no Egito, como se ele não soubesse o quanto ansiavam por isso quando estavam sob a servidão daquela nação.

Os israelitas estavam desistindo, mas Deus continuava disposto a levá-los até a terra prometida, e por isso decidiu surpreendê-los novamente. Pediu para Moisés que fosse mais adiante e que tocasse com seu cajado uma rocha indicada por Deus, e dela saiu água o suficiente para matar a sede do povo.

Toda a comunidade de Israel partiu do deserto de Sim, andando de um lugar para outro, conforme a ordem do Senhor. Acamparam em Refidim, mas lá não havia água para beber.

> *Por essa razão queixaram-se a Moisés e exigiram: "Dê-nos água para beber". Ele respondeu: "Por que se queixam a mim? Por que colocam o Senhor à prova?".*
> *Mas o povo estava sedento e reclamou a Moisés: "Por que você nos tirou do Egito? Foi para matar de sede a nós, aos nossos filhos e aos nossos rebanhos?".*
> *Então Moisés clamou ao Senhor: "Que farei com este povo? Estão a ponto de apedrejar-me!".*
> *Respondeu-lhe o Senhor: "Passe à frente do povo. Leve com você algumas das autoridades de Israel, tenha na mão a vara com a qual você feriu o Nilo e vá adiante. Eu estarei à sua espera no alto da rocha que está em Horebe. Bata na rocha, e dela sairá água para o povo beber". Assim fez Moisés, à vista das autoridades de Israel.*
> *E chamou aquele lugar Massá e Meribá, porque ali os israelitas reclamaram e puseram o Senhor à prova, dizendo: "O Senhor está entre nós, ou não?".*
>
> (Ex 17: 1-7 NVI)

Ainda em Refidim, no deserto de Sim, quando iam em direção à península do Sinai, foram obrigados a usar pela primeira vez as armas que levavam em suas bagagens. Isso porque depois de saciarem a sua sede, provavelmente quando se preparavam para continuar a viagem, depararam-se com o exército de Amaleque, um povo inimigo que decidiu impedir a sua passagem pelo deserto.

Um povo que não sabia guerrear porque havia passado a vida toda trabalhando como escravo viu-se na necessidade de preparar seus homens em linha de guerra e enfrentar seu primeiro campo de batalha.

A impressão que fica é que Deus estava preparando Seu povo para as grandes dificuldades que ainda enfrentariam. Haviam passado fome, sede, andaram debaixo do sol abrasador do deserto e sob o frio da noite, pisando em terrenos arenosos e muitas vezes rochosos, e, agora, tendo de enfrentar um inimigo acostumado a lutar e, com certeza, mais habilidoso que eles no uso de armas.

Tudo que estavam passando servia para fortalecê-los, pois, mais adiante, enfrentariam batalhas mais duras. Os amalequitas eram menores e menos poderosos dos que os filisteus, os midianitas, os assírios e os caldeus, povos que ainda enfrentariam, sem contar os filhos de Anaque, que pareciam gigantes diante deles, e os demais habitantes de Canaã, a terra prometida, a quem teriam que derrotar para tomar posse da terra.

Mesmo depois que já estavam morando em suas terras, por diversas vezes Israel foi cercado por seus inimigos, sendo obrigado a passar por longos períodos sem se alimentar. É isso, não tenho dúvida de que os israelitas estavam sendo preparados por Deus, mas não confiavam o suficiente.

Bem, antes de falar como foi a batalha com os amalequitas, é preciso contextualizar sobre a origem desse povo e porque ele queria tanto impedir Israel de passar adiante.

Você se lembra de Isaque, filho de Abraão, que teve dois filhos e que eram gêmeos? Um chamava-se Esaú e o outro, Jacó. Por ter saído do ventre antes de seu irmão, Esaú teria todos os direitos da primogenitura, e na cultura dos hebreus, os primogênitos eram consagrados a Deus e tinham alguns direitos a mais do que seus irmãos mais novos. Essa tradição extrapolou os limites de Israel e até hoje se mantém, principalmente nas nações sob regime da monarquia, tanto é que, quando o rei falece, seu trono é assumido pelo filho mais velho.

Esaú não dava muito valor ao status de primogênito e, certo dia, ao chegar em casa cansado, depois de um longo dia de caça, viu que seu irmão fizera um ensopado e pediu um pouco. Jacó condicionou o prato de sopa à transferência do direito da primogenitura de seu irmão para si, o que foi prontamente aceito.

Um dia, quando Isaque já era bem velho e não enxergava mais, pediu para Esaú caçar um animal e o preparar para seu pai, porém, Rebeca, esposa de Isaque, que ouviu a conversa e que tinha certa predileção por Jacó, pediu para este ir até o rebanho e matar dois cabritos, e ela mesmo os preparou e pediu para Jacó servi-los ao seu pai, fazendo-se passar por Esaú. A trama deu certo e Isaque comeu o cabrito pensando ser um animal caçado por Esaú, e mais, não percebeu que o filho que lhe serviu foi Jacó e o abençoou no lugar de Esaú.

Quando Esaú chegou em casa com sua caça, ficou sabendo da trama e que seu pai havia abençoado seu irmão mais novo. Ele ficou furioso e desejou matar seu irmão, que teve que fugir para evitar a tragédia.

Agora que sabemos da história de Jacó e Esaú, torna-se possível entender a inimizade entre os israelitas e os amalequitas. Jacó, depois que constituiu família, passou a ser chamado de Israel, ou seja, de Jacó descenderam os israelitas. Esaú também teve filhos e um deles, Elifaz, teve uma concubina e com ela teve um filho chamado Amaleque, de onde descendem os amalequitas. Ou seja, esse povo é descendente do neto de Esaú, enquanto os israelitas são oriundos dos filhos de Jacó.

Voltemos, então, à batalha, a primeira que os israelitas enfrentariam de fato, e mais uma vez eles precisariam da intervenção de Deus, pois, como vimos antes, não estavam acostumados a esse tipo de combate. Como gosto muito de analogias, podemos imaginar um homem forte, acostumado com o trabalho diário, mas que nunca tenha subido num ringue e, de repente, vê-se dentro de um octógono de frente para um lutador profissional de *jiu-jitsu*. Era mais ou menos isso que estava acontecendo com o povo de Israel.

Moisés não podia ajudar muito na luta braçal, pois tinha mais de oitenta anos, mas podia fazer algo que era sua especialidade, coisa que ninguém o superava: falar com Deus. Moisés, naquele momento, era muito mais importante intercedendo pelo povo do que empunhando uma espada. Chamou seu leal escudeiro chamado Josué e entregou a ele a missão de comandar a batalha pelos israelitas. Enquanto isso, ele subiria à parte mais alta da colina e clamaria a Deus por socorro.

Até aqui, Deus havia feito tudo por eles. Como um pai cuida de uma criança recém-nascida, Deus havia cuidado deles. Usou seu poder contra o Egito, abriu o mar Vermelho, transformou água amarga em água potável, mandou comida do céu, tirou água de pedra. Até aqui, o povo não havia feito nada a não ser reclamar e usufruir dos cuidados de Deus. Agora, pela primeira vez, teriam que lutar. Deus estava começando a ensinar que tem coisas que devemos fazer com nossas próprias mãos. Mesmo sabendo que Ele cuida de nós, precisamos fazer a nossa parte. A parte dos hebreus era lutar e a parte de Deus era fazê-los vencer.

Foi assim que aconteceu... Ao saber que os amalequitas estavam acampados adiante e com seu batalhão em forma, Moisés pediu para que Josué escolhesse seus homens de guerra e que formasse seu batalhão em um dia porque, no dia seguinte, ele subiria com seu cajado ao cume da colina para pedir ajuda ao Criador.

Quando começou a batalha, Moisés, que estava acompanhado por Arão e Ur, estendeu sua mão ao céu e intercedeu pelo povo. Enquanto sua mão estava erguida, os israelitas venciam a batalha, porém, quando a abaixava, os amalequitas passavam a vencer. Com o peso da idade, Moisés não conseguia ficar muito tempo com a mão estendida para o alto; então, ao perceberem que isso fazia a diferença, Arão e Ur tomaram uma grande pedra, puseram Moisés sentado nela e seguraram os braços de Moisés no alto, de forma que suas mãos ficaram o tempo todo estendidas para o céu, e os israelitas derrotaram o exército inimigo.

Posso imaginar a insegurança dos homens de Israel, hora indo para cima e levando vantagem, hora sendo atacados e perdendo a batalha, sem saber o que estava acontecendo no alto do monte. Lá embaixo, Josué e seu exército lutavam bravamente, porém, naquele momento, não imaginavam que Deus estava interferindo diretamente no resultado em seu favor.

Quantas vezes enfrentamos batalhas sem saber que há pessoas intercedendo por nós! Muitos desistem ao primeiro sinal de derrota. O segredo para a vitória é batalhar. Por mais que tenhamos fé e saibamos que Deus interfere a nosso favor, precisamos lutar até o fim. A nossa parte precisamos fazer, aquilo que é natural nós é que devemos fazer. Deus age no sobrenatural. Ele pode até agir nos detalhes, mas se não dermos um passo, nem que seja de aceitação, com certeza iremos amargar uma triste derrota. Confiança em Deus, sempre; batalhar com todas as nossas forças, sempre!

Capítulo 18

Partindo do local onde houve a batalha contra os amalequitas, os israelitas logo chegaram ao deserto do Sinai, onde fariam grande parada. O sogro de Moisés, ao saber que o povo de Deus havia acampado no deserto, um pouco antes de chegar ao monte de Deus, o Sinai, decidiu fazer-lhe uma visita e levou com ele três pessoas especiais na vida de Moisés, a esposa e seus dois filhos, que até aquele momento haviam ficado com Jetro, seu sogro, para que Moisés pudesse cumprir com sua missão de tirar o povo do Egito.

A vida de Moisés estava uma loucura. Todos queriam falar com ele e os assuntos eram os mais variados possíveis, e ele ficava o dia todo atendendo e decidindo sobre cada detalhe, assuntos importantes ou não, e cada um esperava a sua vez de falar com o líder, que chegava ao final do dia exausto. Toda aquela situação chamou a atenção de Jetro, que perguntou a Moisés: "O que é isso que acontece aqui? Por que toda essa gente querendo falar com você?". Moisés lhe respondeu que traziam a ele todas as questões que dependiam de uma decisão, que todas as vezes que tinham dúvidas ou queriam saber sobre a vontade de Deus, procuravam-no.

Moisés orientava-os sobre os decretos e as leis de Deus, além de decidir sobre questões de desentendimentos entre eles. Seu sogro, inconformado com tamanha carga, aconselhou-o a dividir a tarefa com mais pessoas para tirar de seus ombros tanto peso. Seguindo orientação de Jetro, Moisés colocou líderes sobre grupos de dez pessoas, grupo de cem e também de mil, assim aliviou um pouco o fardo que carregava sobre si, ficando responsável somente pelas coisas mais relevantes.

> *Jetro, sacerdote de Midiã e sogro de Moisés, soube de tudo o que Deus tinha feito por Moisés e pelo povo de Israel, como o Senhor havia tirado Israel do Egito. Moisés tinha mandado Zípora, sua mulher, para a casa de seu sogro, Jetro, que a recebeu juntamente com os seus dois filhos. Um deles chamava-se Gérson, pois Moisés dissera: "Tornei-me imigrante em terra estrangeira"; e o outro chamava-se Eliézer, pois dissera: "O Deus de meu pai foi o meu ajudador; livrou-me da espada do faraó".*
>
> *Jetro, sogro de Moisés, veio com os filhos e a mulher de Moisés encontrá-lo no deserto, onde estava acampado, perto do monte de Deus.*
>
> *E Jetro mandou dizer-lhe: "Eu, seu sogro Jetro, estou indo encontrá-lo, e comigo vão sua mulher e seus dois filhos".*
>
> *Então Moisés saiu ao encontro do sogro, curvou-se e beijou-o; trocaram saudações e depois entraram na tenda. Então Moisés contou ao sogro tudo quanto o Senhor tinha feito ao faraó e aos egípcios por amor*

a Israel e também todas as dificuldades que tinham enfrentado pelo caminho e como o Senhor os livrara.

Jetro alegrou-se ao ouvir todas as coisas boas que o Senhor tinha feito a Israel, libertando-o das mãos dos egípcios.

Disse ele: "Bendito seja o Senhor que os libertou das mãos dos egípcios e do faraó; que livrou o povo das mãos dos egípcios!

Agora sei que o Senhor é maior do que todos os outros deuses, pois ele os superou exatamente naquilo de que se vangloriavam".

Então Jetro, sogro de Moisés, ofereceu um holocausto e sacrifícios a Deus, e Arão veio com todas as autoridades de Israel para comerem com o sogro de Moisés na presença de Deus.

No dia seguinte, Moisés assentou-se para julgar as questões do povo, e este permaneceu de pé diante dele, desde a manhã até o cair da tarde.

Quando o seu sogro viu tudo o que ele estava fazendo pelo povo, disse: "Que é que você está fazendo? Por que só você se assenta para julgar, e todo este povo o espera de pé, desde a manhã até o cair da tarde?".

Moisés lhe respondeu: "O povo me procura para que eu consulte a Deus.

Toda vez que alguém tem uma questão, esta me é trazida, e eu decido entre as partes, e ensino-lhes os decretos e as leis de Deus".

Respondeu o sogro de Moisés: "O que você está fazendo não é bom.

Você e o seu povo ficarão esgotados, pois essa tarefa lhe é pesada demais. Você não pode executá-la sozinho.

Agora, ouça-me! Eu lhe darei um conselho, e que Deus esteja com você! Seja você o representante do povo diante de Deus e leve a Deus as suas questões.

Oriente-os quanto aos decretos e leis, mostrando-lhes como devem viver e o que devem fazer.

Mas escolha, dentre todo o povo, homens capazes, tementes a Deus, dignos de confiança e inimigos de ganho desonesto. Estabeleça-os como chefes de mil, de cem, de cinquenta e de dez.

Eles estarão sempre à disposição do povo para julgar as questões. Trarão a você apenas as questões difíceis; as mais simples decidirão sozinhos. Isso tornará mais leve o seu fardo, porque eles o dividirão com você.

Se você assim fizer, e se assim Deus ordenar, você será capaz de suportar as dificuldades, e todo este povo voltará para casa satisfeito".

Moisés aceitou o conselho do sogro e fez tudo como ele tinha sugerido.

Escolheu homens capazes de todo o Israel e colocou-os como líderes do povo: chefes de mil, de cem, de cinquenta e de dez.

Estes ficaram como juízes permanentes do povo. As questões difíceis levavam a Moisés; as mais simples, porém, eles mesmos resolviam.

Então Moisés e seu sogro se despediram, e este voltou para a sua terra.

(Ex 18: 1-27 NVI)

O apóstolo Paulo nos ensina em Gálatas 6 que devemos levar as cargas uns dos outros, ou seja, precisamos nos ajudar sempre de forma a aliviar nossos fardos. Principalmente se você é um líder, precisa aprender a dividir responsabilidades sem centralizar demais as coisas, pois não adianta você carregar o mundo em suas costas sem conseguir atender às demandas de forma satisfatória.

Até o momento da batalha contra os amalequitas, Deus cuidou de Seu povo assim como os pais cuidam de uma criança. Conduziu-os, alimentou-os, cuidando de cada detalhe, sem que tivessem o menor esforço. Abriu passagem pelo mar, mandou comida, tirou água de pedra, porém, agora, precisava soltar um pouco mais o Seu povo.

Quando temos um bebê recém-nascido, cuidamos dele com todo cuidado possível. Damos banho, alimentamos, vestimos, pegamos no colo, colocamos para dormir, mas à medida que ele vai crescendo e aprendendo a fazer as coisas, vamos soltando-o aos poucos para que ele faça o necessário para sua sobrevivência. No princípio, a mãe tem até que colocar o peito na boca do bebê e pressionar levemente a sua cabeça para que ele consiga mamar, depois de alguns dias ele já consegue fazer sozinho, basta tirar o peito e mostrar a ele, e logo tudo se torna uma ação automática.

À medida que a criança cresce, ela vai aprendendo muitas coisas, como andar e falar, entretanto, desde muito cedo, ela precisa aprender as regras para uma vida melhor. Deus precisava deixar de fazer tudo pelo povo e permitir que cada um fizesse a sua parte. Para isso, precisava expor algumas regras que deveriam observar para o resto da vida. Era como se estivesse moldando o caráter do Seu povo, assim como uma criança tem seu caráter moldado nos primeiros anos de vida.

O Sinai, conhecido como o monte de Deus, era o local propício para isso. Era o mesmo lugar onde Deus falara a Moisés sobre seu plano de libertação dos israelitas. Ali ficaram por aproximadamente um ano, recebendo instruções e sendo preparados para a continuação da jornada até a terra prometida. Receberam os mandamentos, as leis, as regras gerais; receberam orientações para a construção do tabernáculo onde Deus faria morada no meio do povo. Enfim, saíram de lá doutrinados, sabendo que sua principal missão era confiar em Deus.

Capítulo 19

No vigésimo dia do segundo mês do segundo ano, a nuvem se levantou de cima do tabernáculo que guarda as tábuas da aliança. Então os israelitas partiram do deserto do Sinai e viajaram por etapas, até que a nuvem pousou no deserto de Parã.

(Nm 10: 11,12)

Depois que partiram do Sinai, fizeram algumas paradas rápidas até chegarem ao deserto de Parã, onde montaram acampamento, sempre guiados pela nuvem de Deus. Geograficamente, estavam bem próximos do seu destino final. Porém demorariam aproximadamente mais quarenta anos para pisarem na terra prometida. A falta de confiança em Deus foi o principal motivo.

Moisés escolheu doze homens, um de cada tribo, para espiar e fazer um reconhecimento da terra de Canaã, para onde estavam indo. Ele queria saber se a terra era tão boa quanto Deus havia dito. Os espias não foram escolhidos por sorteio ou aleatoriamente, foram escolhidos a dedo, líderes de suas tribos, homens importantes, pois a missão exigia isso, afinal, eles seriam testemunhas oculares da promessa de Deus.

O problema foi que ao voltarem depois de quarenta dias, estavam quase todos desanimados com o que viram. A terra era realmente boa, fértil, tudo como Deus havia prometido, porém era uma terra habitada por várias nações, todas acostumadas à guerra, com cidades muradas parecendo verdadeiras fortalezas, com homens de estatura acima do normal. Voltaram preocupados e amedrontados, com exceção de dois deles, Josué e Calebe, que mesmo vendo as dificuldades, confiaram em Deus e tentaram incentivar os demais a continuarem a caminhada.

Os outros dez não só se acovardaram como também passaram a conspirar contra o plano de Deus, tentando fazer com que toda a congregação desistisse. Moisés, novamente, viu-se acuado pelo povo, que mais uma vez se rebelou contra ele, demonstrando sua falta de confiança em Deus que, por Sua vez, não estava mais disposto a aceitar tanta obstinação e rebeldia. Disse a Moisés: *"Até quando este povo me tratará com pouco caso? Até quando se recusará a crer em mim, apesar de todos os sinais que realizei entre eles?" (Nm 14:11 NVI)*

Deus estava decidido a pôr um ponto final naquela falta de fé. Disse que iria feri-los e rejeitá-los e que faria, através de Moisés, um povo maior e mais forte; lembrando que Moisés tinha mais de oitenta anos, porém isso não seria problema, pois quando Isaque nasceu, Abraão tinha cem anos, lembra?

Moisés mostrou aqui toda sua intimidade com o Senhor, algo jamais visto. Ele aconselhou ao próprio Deus.

"Moisés disse ao Senhor: Então os egípcios ouvirão que pelo teu poder fizeste este povo sair dentre eles, e

falaram disso aos habitantes dessa terra. Eles ouviram que tu, ó Senhor, estás com este povo e que te veem face a face, Senhor, e que a tua nuvem paira sobre eles, e que vais adiante deles numa coluna de nuvem de dia e numa coluna de fogo de noite. Se exterminares este povo, as nações que ouviram falar do que fizeste dirão que o senhor não conseguiu levar este povo à terra que lhes prometeu em juramento e que por isso os matou no deserto. Mas agora, que a força do Senhor se manifeste, segundo prometeste. O Senhor é muito paciente e grande em fidelidade, e perdoa a iniquidade e a rebelião, se bem que não deixa o pecado sem punição, e castiga os filhos pela iniquidade dos pais até a terceira e quarta geração. Segundo a tua grande fidelidade, perdoa a iniquidade deste povo, assim como a tens perdoado desde que saíram do Egito até agora. O Senhor respondeu: Eu os perdoei, conforme você pediu, no entanto, juro pela glória do Senhor que enche toda a terra, que nenhum dos que viram a minha glória e os sinais miraculosos que realizei no Egito e no deserto, e me puseram à prova e me desobedeceram dez vezes, nenhum deles chegará a ver a terra que prometi com juramento aos seus antepassados. Ninguém que me tratou com desprezo a verá."

(Nm 14: 13-23 NVI)

O que me impressiona na relação de Deus com Moisés não é simplesmente o fato de Moisés ter tido a ousadia de dar conselhos a Deus, mas, sim, o fato de que Deus ouviu e atendeu sua sugestão. Esse é o poder da oração. Precisamos buscar intimidade com Deus e orar mais, para que nossos pedidos sejam atendidos. Andando em proximidade com Deus, o conheceremos melhor e não faremos pedidos que vão contra a Sua vontade e santidade.

Apesar de Deus decidir não matá-los naquele momento, a rebeldia dos israelitas não passaria impune. A partir dali, eles andariam perambulando pelo deserto até que os que tinham mais de vinte anos morressem, permitindo que uma nova geração entrasse na terra prometida. Por isso, a viagem do povo de Deus do Egito até Israel durou aproximadamente quarenta anos.

Foram quarenta anos de sofrimento e aprendizado. Muitos oponentes surgiram, obrigando-os a enfrentarem diversas batalhas. Como disse antes, o povo de Deus, quando estava no Egito, aprendeu exclusivamente a trabalhar e não sabia guerrear, talvez por isso Deus permitiu que muitos inimigos os atacassem, justamente para aprenderem a lutar, pois sabia que quando chegassem à terra prometida teriam que derrotar seus habitantes.

Os israelitas passaram por muitas batalhas, inclusive internas. Nos momentos de crise, quando os nervos estão à flor da pele, surgem situações difíceis de serem resolvidas. Há os que são contra e que começam a remar para o lado contrário, aumentando a dificuldade de quem quer fazer a coisa certa; há também os inseguros, que se intimidam diante das dificuldades e precisam ser praticamente arrastados; muitos não atrapalham, mas também não colaboram; e tem os que se rebelam diante das turbulências. Tudo isso faz aumentar as dificuldades daqueles que realmente estão dispostos a resolver os problemas.

Nas batalhas externas, a cada passo que davam, surgiam os inimigos. Tiveram de enfrentar os edomitas, os cananeus, os amorreus, os de Basã, os heteus, os perizeus, os heveus, os jebuzeus, enfim, foram muitas as batalhas até que chegassem a tomar posse da sua herança, a terra de Canaã, onde hoje é Israel, a promessa de Deus.

O importante é que apesar de toda a dificuldade, o povo de Deus alcançou a vitória e chegou ao seu destino. E lá chegou uma nova geração, aquela que só sabia trabalhar ficou pelo deserto, porém dela surgiu um grande exército, uma geração que só sabia lutar, um povo acostumado com as guerras.

Depois da morte de Moisés foi Josué quem liderou os israelitas para entrarem na terra prometida, lembra dele? Josué foi quem liderou a primeira batalha do povo hebreu no deserto, aquela contra os amalequitas; foi, também, um dos doze espias que foram analisar a terra de Canaã e um dos dois que confiaram que Deus os ajudaria a tomarem posse da sua herança.

Depois de um tempo acampado nas Campinas de Moabe, Josué conduziu seus guerreiros à vitória, começando por Jericó e avançando cidade por cidade, derrotando seus inimigos e tomando posse das terras até conquistarem todo o território de Canaã.

Estas são as jornadas dos israelitas quando saíram do Egito, organizados segundo as suas divisões, sob a liderança de Moisés e Arão. Por ordem do Senhor Moisés registrou as etapas da jornada deles. Esta foi a jornada deles, por etapas: Os israelitas partiram de Ramessés no décimo quinto dia do primeiro mês, no dia seguinte ao da Páscoa. Saíram, marchando desafiadoramente à vista de todos os egípcios, enquanto estes sepultavam o primeiro filho de cada um deles, que o Senhor matou. O Senhor impôs castigo aos seus deuses.

Os israelitas partiram de Ramessés e acamparam em Sucote.

Partiram de Sucote e acamparam em Etã, nos limites do deserto.
Partiram de Etã, voltaram para Pi-Hairote, a leste de Baal-Zefom, e acamparam perto de Migdol.
Partiram de Pi-Hairote e atravessaram o mar chegando ao deserto, e, depois de viajarem três dias no deserto de Etã, acamparam em Mara.
Partiram de Mara e foram para Elim, onde havia doze fontes e setenta palmeiras, e acamparam ali.
Partiram de Elim e acamparam junto ao mar Vermelho.
Partiram do mar Vermelho e acamparam no deserto de Sim.
Partiram do deserto de Sim e acamparam em Dofca.
Partiram de Dofca e acamparam em Alus.
Partiram de Alus e acamparam em Refidim, onde não havia água para o povo beber.
Partiram de Refidim e acamparam no deserto do Sinai.
Partiram do deserto do Sinai e acamparam em Quibrote-Hataavá.
Partiram de Quibrote-Hataavá e acamparam em Hazerote.
Partiram de Hazerote e acamparam em Ritmá.
Partiram de Ritmá e acamparam em Rimom-Perez.
Partiram de Rimom-Perez e acamparam em Libna.
Partiram de Libna e acamparam em Rissa.
Partiram de Rissa e acamparam em Queelata.
Partiram de Queelata e acamparam no monte Séfer.
Partiram do monte Séfer e acamparam em Harada.
Partiram de Harada e acamparam em Maquelote.
Partiram de Maquelote e acamparam em Taate.

Partiram de Taate e acamparam em Terá.
Partiram de Terá e acamparam em Mitca.
Partiram de Mitca e acamparam em Hasmona.
Partiram de Hasmona e acamparam em Moserote.
Partiram de Moserote e acamparam em Benê-Jaacã.
Partiram de Benê-Jaacã e acamparam em Hor-Gidgade.
Partiram de Hor-Gidgade e acamparam em Jotbatá.
Partiram de Jotbatá e acamparam em Abrona.
Partiram de Abrona e acamparam em Eziom-Geber.
Partiram de Eziom-Geber e acamparam em Cades, no deserto de Zim.
Partiram de Cades e acamparam no monte Hor, na fronteira de Edom.
Por ordem do Senhor, o sacerdote Arão subiu o monte Hor, onde morreu no dia primeiro do quinto mês do quadragésimo ano depois que os israelitas saíram do Egito.
Arão tinha cento e vinte e três anos de idade quando morreu, no monte Hor.
O rei cananeu de Arade, que vivia no Neguebe, na terra de Canaã, soube que os israelitas estavam chegando.
Eles partiram do monte Hor e acamparam em Zalmona.
Partiram de Zalmona e acamparam em Punom.
Partiram de Punom e acamparam em Obote.
Partiram de Obote e acamparam em Ijé-Abarim, na fronteira de Moabe.
Partiram de Ijim e acamparam em Dibom-Gade.

Partiram de Dibom-Gade e acamparam em Almom-Diblataim.
Partiram de Almom-Diblataim e acamparam nos montes de Abarim, defronte de Nebo.
Partiram dos montes de Abarim e acamparam nas campinas de Moabe junto ao Jordão, do outro lado de Jericó.
Nas campinas de Moabe, eles acamparam junto ao Jordão, desde Bete-Jesimote até Abel-Sitim.
Nas campinas de Moabe, junto ao Jordão, do outro lado de Jericó, o Senhor disse a Moisés: "Diga aos israelitas: Quando vocês atravessarem o Jordão para entrar em Canaã, expulsem da frente de vocês todos os habitantes da terra. Destruam todas as imagens esculpidas e todos os ídolos fundidos, e derrubem todos os altares idólatras deles.
Apoderem-se da terra e instalem-se nela, pois eu lhes dei a terra para que dela tomem posse".

(Nm 33:1-53 NVI)

Toda a história do povo de Deus, desde que entraram no Egito até a posse da terra prometida, está nos seis primeiros livros da Bíblia Sagrada: Gênesis, Êxodo, Levítico, Números, Deuteronômio e Josué. Eu fiz um resumo aqui para mostrar a você que o deserto é duro, mas nos ensina e nos fortalece, e se você está passando por um deserto, tenha certeza de que vai sair dele.

A lição que podemos tirar é que o deserto para os hebreus foi uma grande escola.

Capítulo 20

Voltando aos primeiros capítulos do livro, à história de Rafael, imagino que a essa altura você pode ter percebido que é uma história real e que Rafael é apenas um codinome. Rafael Benedito Koval, o menino gago que sofreu preconceitos na infância, é, na verdade, Michel Abrão Ferreira, isso mesmo, este autor que vos escreve. Duca, pai de Rafael, é, na verdade, o Sr. Pedro, meu pai, e a Sara, minha mãe, que se chama Juçara. Os outros nomes do livro são nomes reais. Minha gagueira durou aproximadamente 28 anos e fui curado sem nenhum tipo de tratamento. Meus traumas também ficaram no passado. É óbvio que diante do testemunho de Káritas e Marquinhos posso considerar que não tive problema algum, mas para uma criança, um problema, por menor que seja, pode provocar traumas irreversíveis.

A intenção inicial era deixar oculta a verdadeira identidade do personagem, mas, no decorrer do livro, pensei melhor e decidi revelar como forma de testemunho próprio e para mostrar que a história é real e que se Deus fez por mim, pode fazer por você.

O nome Rafael Benedito Koval não foi escolhido aleatoriamente. Rafael significa "curado por Deus" ou "Deus curou". Escolhi esse nome, obviamente, porque se trata de uma cura que Deus realizou na minha vida, e não estou falando apenas da gagueira, mas de algo muito maior. Deus me curou de uma cegueira espiritual que me impedia de enxergar o caminho para a vida.

O nome Benedito significa abençoado. Hoje, com a maturidade na fé, sinto claramente que sempre fui abençoado por Deus, sempre, desde o meu primeiro dia de vida. Meus pais contam que, quando nasci, os médicos não acreditavam que eu pudesse sobreviver. Morando em uma cidade pequena no sul de Minas Gerais, chamada Monte Belo, minha mãe teve de ser levada a um hospital em Alfenas, onde havia mais recursos, e lá fomos tratados, ela e eu. Depois de alguns dias na UTI neonatal, fui, finalmente, levado aos braços de minha mãe, e ali já recebia minha terceira benção de Deus. A primeira foi o sopro de vida, a segunda foi a família em que nasci e a terceira, a oportunidade de sobrevivência ao sair do hospital com saúde.

Koval é um sobrenome que no hebraico significa "ferreiro". Escolhi esse sobrenome apenas porque seu significado é uma variação masculina do meu sobrenome "Ferreira".

É importante esclarecer também que a empresa de prestação de serviços é, na verdade, a Prefeitura Municipal de Campinas, onde estou, no momento, ocupando um cargo de alto escalão, pelo período que Deus determinar. Assumi esse cargo em janeiro de 2013, no mesmo período em que fui consagrado e ordenado pastor evangélico na comunidade Cristo Vive Mananciais, em Campinas/SP.

O ano de 2013 foi de bênção profissional, ministerial e familiar, pois além do trabalho e da ordenação pastoral, foi também naquele ano que nasceu meu filho caçula, o Davi, meu quarto filho. Deus já havia me abençoado com a esposa, a Valéria, e filhos maravilhosos, Filipe, Mariana e Juliana. Entretanto, foi também em 2013 que fui diagnosticado com um tumor maligno na tireoide, do qual estou totalmente curado graças ao agir de Deus na minha vida através de um querido médico que se tornou um amigo, o doutor Agrício Crespo, professor titular e chefe da disciplina de otorrinolaringologia cabeça e pescoço da Faculdade de Ciências Médicas da Unicamp. No ano em que me consolidei profissionalmente e fui agraciado na fé e na família, foi também o ano em que fui surpreendido pelo câncer na região da garganta.

Interessante esse contexto. Primeiro, a gagueira e, depois, o câncer na região em que a cirurgia poderia afetar as cordas vocais, que hoje me são tão úteis na preleção de estudos, nas palestras e nas pregações que faço sobre a Palavra de Deus.

A vida tem dessas coisas. Às vezes, estamos caminhando a passos largos em pistas pavimentadas e, de repente, deparamo-nos com um piso inconstante e movediço, e quando olhamos para frente nos damos conta de que estamos passando por um deserto, e a sensação é de que a nossa vida termina ali. A notícia da doença me fez esquecer por um instante todas as coisas boas que Deus havia me concedido, mas foi só por um instante. Logo me veio à lembrança todas as bênçãos que eu havia recebido em toda a minha vida e, então, pensei que ainda não era o fim. Deus tinha ainda um propósito grande a cumprir através da minha vida e da minha família. Levantei a cabeça, olhei adiante e percebi que era só mais um deserto e que ali estava mais uma oportunidade de aprender e de crescer. Foi, então, que decidi escrever meu primeiro livro.

Mas antes de ser diagnosticado com o câncer, eu me lembro que procurei um médico, depois de muita insistência de minha esposa, porque roncava muito e, às vezes, acordava no meio da noite com a garganta fechada sem conseguir respirar. Após um exame de polissonografia, descobri que tinha apneia do sono em um grau elevadíssimo, com mais de quinhentos eventos em seis horas. Isso significa que eu tinha mais de quinhentas interrupções de respiração em uma única noite de sono. Eu havia procurado o médico para deixar de incomodar minha esposa com o barulho do ronco, porém nem imaginava que estava correndo risco de morrer.

Eu me lembro bem que o médico que me atendeu à época disse que para resolver o problema da apneia seria preciso uma intervenção cirúrgica para extração das amídalas e também para corrigir um desvio de septo. Agendei imediatamente a cirurgia para a semana seguinte, porém, ao comentar com um amigo sobre a extração das amídalas, ele me desaconselhou. Disse que essa cirurgia, enquanto criança, é menos agressiva, mas na fase adulta provoca uma dor insuportável e, muitas vezes, não resolve o problema da apneia.

Na dúvida, resolvi consultar outro especialista para ter a famosa segunda opinião. Lembrei-me que uma amiga, a Antônia, era casada com um médico renomado nessa área de otorrino, cabeça e pescoço, e pedi para ela conseguir uma consulta com ele para ter uma orientação sobre o assunto. Foi aí que conheci o Dr. Agrício e tudo mudou.

Ao examinar-me, apalpando o meu pescoço, ele suspeitou que havia algo errado. Então, aconselhou-me a suspender a cirurgia e fazer exames mais aprofundados para se certificar do que ele já sabia, ou, pelo menos, imaginava. O resultado foi a descoberta do tumor maligno na tireoide, em estágio muito avançado, e que necessitava de uma intervenção cirúrgica o mais rápido possível. Na semana seguinte eu fui para a cirurgia, não para a extração das amídalas, mas para eliminar um câncer que tentava me calar. Era a segunda vez que alguma coisa tentava me impedir de falar. A primeira foi a gagueira, que durou quase trinta anos, e a segunda foi o tumor, que colou em minhas cordas vocais colocando em risco mais uma vez a minha fala.

Ao receber uma notícia dessas, sobre um câncer, cada um tem uma reação diferente – Agrício está acostumado com isso. Uns se desesperam, outros choram inconsolavelmente, outros se calam, alguns tentam entender o porquê e começam a fazer perguntas em busca de explicações. Eu decidi escrever um livro. Acho que agora se explica meu desejo incontrolável de comprar aquela máquina de escrever. Naquela época eu já recebia uma direção da parte de Deus, mesmo sem perceber.

Há uma curiosidade nessa história toda. Ao me convencer da necessidade da cirurgia, Agrício me disse que o único risco que haveria durante a operação era cortar as minhas cordas vocais porque o tumor estava colado nelas; entretanto, ele mesmo me tranquilizou dizendo que como ele sabia que esse seria o único risco, jamais deixaria acontecer. Em seguida, perguntou-me o que passava pela minha cabeça, o que eu pensava fazer. Eu respondi que iria escrever um livro, não sobre esse assunto, mas sobre a Bíblia Sagrada, que era algo que já queimava em meu coração. Então, foi aí que escrevi meu primeiro livro, O BÊ-A-BÁ DA BÍBLIA, um livro que nasceu no meu coração, com o desejo de dizer às pessoas que a Bíblia Sagrada não é tão difícil de entender como pensa a maioria.

Após a cirurgia, ao retomar minha consciência depois que passou o efeito da anestesia, e estando já no quarto do hospital, tentei falar e não saiu nada, minha voz havia sumido. Então pensei: "O médico cortou as minhas cordas vocais". Aí, sim, eu fiquei apavorado. Foi quando entrou pela porta do quarto o Dr. Agrício que, antes que eu esboçasse qualquer reação, disse-me:

– Sei que está pensando que eu cortei as suas cordas vocais, mas fique tranquilo porque isso não aconteceu. A cirurgia foi um sucesso e é natural essa inflamação das cordas porque o tumor estava colado nelas, mas dentro de poucos dias tudo volta ao normal.

Confesso que foi um alívio inenarrável, pois eu já havia me tornado um pregador da Palavra de Deus e àquela altura muitas coisas já haviam passado pela minha cabeça. Só de imaginar que poderia ficar sem a voz me deu muito medo e pensei que talvez fosse um sinal de que teria que me tornar um escritor de verdade para continuar a trabalhar para o Reino de Deus. Naquele momento, eu nem me lembrava de que estava sendo cuidado por Deus e que Ele havia me colocado nas mãos de um grande médico.

Foi nesse período também que conheci Ana Lúcia Spina, mais que uma fonoaudióloga, mulher apaixonada pelo que faz e de uma competência ímpar, que me ajudou muito mais do que simplesmente recuperar a voz, ensinou-me também uma coisa fundamental, que é ouvir as pessoas. Não é interessante? A pessoa que deveria me ajudar a falar, ajudou-me também a ouvir.

Hoje estou totalmente curado, uso minha voz para trabalhar e para servir ao Reino, ministrando palestras, pregações e estudos bíblicos.

Capítulo 21

Quero deixar uma mensagem para você e dizer que todas as dificuldades pelas quais passamos nos ensinam alguma coisa importante. Por diversas vezes neste livro você deve ter lido a palavra luta ou algum outro sinônimo ou derivado do verbo lutar. A luta é uma grande aliada da vida, sem ela não há vitória, o que existe sem luta é uma coleção de fracassos e derrotas.

Caberia aqui uma analogia entre nossa vida e uma luta de boxe. Numa luta de boxe o lutador tem de se manter de pé, proteger sua face, e seu objetivo é acertar seu adversário para somar pontos e, se possível, derrubá-lo, levando-o ao nocaute e, assim, conseguir a vitória. Ocorre que do outro lado tem seu oponente com o mesmo objetivo, defendendo-se e aguardando o momento certo para aplicar seu golpe de forma eficaz e vencer a luta.

Pode ser que no decorrer da luta um dos lutadores tome um direto no queixo que o leve ao chão. Isso é terrível, mas não é o fim. A luta não termina quando o lutador cai, ela chega ao fim quando ele não se levanta. Se no meio da contagem do juiz o lutador se coloca de pé e mostra que ainda tem condições de lutar, o juiz interrompe a contagem e a luta é retomada.

Quantas vezes nos sentimos na lona! Nossa vida está fluindo normalmente e, de repente, acontece algo que é como se tivéssemos tomado um cruzado que nos levou ao chão. A tristeza e a preocupação são inevitáveis. O sentimento é que o juiz iniciou a contagem e a qualquer momento vai encerrar a luta, e para evitarmos o fim precisamos encontrar forças para nos levantarmos e continuarmos lutando. O desafio é a resistência. Quanto mais resistimos aos golpes e aos ataques do inimigo, mais estaremos preparados para ir até fim.

Precisamos estar sempre com a guarda erguida para que os golpes não encontrem espaço para passar. Enquanto os ataques do adversário estão acertando as nossas luvas, ganhamos tempo para planejar e esperar o melhor momento para contragolpear. Como manter a guarda erguida? A nossa fé pode nos ajudar. Nossa luta diária não é contra os seres humanos como muitos imaginam. Eles são nossos irmãos e não adversários, e estão no mesmo plano de salvação, ou seja, estamos no mesmo time, na equipe de Deus.

O apóstolo Paulo diz em sua carta aos Efésios que nossa luta não é contra carne ou sangue e, sim, contra principados, potestades e príncipes das trevas (Ef 6:12). Isso quer dizer que o ringue está montado nas regiões celestiais, que nossa luta é espiritual e nosso pior adversário fará de tudo para nos derrubar e nos tirar do jogo. Lembra da história de Adão e Eva no paraíso? Eles foram atingidos sem levar nenhum golpe físico.

A serpente, que representa o adversário, falou com Eva e fez com que ela baixasse a guarda para depois atingi-la. Como foi isso? Observe que a serpente chega de forma astuta e faz uma pergunta à mulher. Só isso, faz uma pergunta e espera a resposta. A mulher pensa que está tudo certo e que a oponente não oferece perigo e, sem perceber, baixa a guarda.

– Foi assim que Deus disse, para não comerem de nenhuma árvore do jardim? – perguntou a serpente.

Veja que na pergunta feita ela já pretende mostrar um Deus proibitivo. Assim é até hoje, quando satanás usa pessoas para tentar convencer as outras de que Deus não permite fazermos nada, que tudo é proibido.

Mas a mulher continuou a conversa de forma amistosa e sem malícia alguma.

– Não, ele disse que poderíamos comer o fruto de qualquer árvore, menos da árvore que está no meio do jardim. Dela não podemos comer senão morreremos.

Veja que havia uma única exceção. Eles estavam autorizados a comer o fruto de praticamente todas as árvores, mas a serpente foi exatamente naquela que estava proibida e ali fez com que Eva baixasse a guarda. Perto dela havia muitas outras árvores, inclusive a Árvore da Vida. Disse a serpente: "Certamente, não morrereis!". Pronto, estava posta a dúvida, depois disso era só golpear o enfraquecido lutador. A serpente continuou dizendo que Deus havia proibido comer o fruto daquela árvore porque sabia que no dia em que dele comesse, o homem seria igual a Ele, tendo conhecimento do bem e do mal (Gn 3:1-5). Se você ler o texto verá que parecia verdade o que a serpente dizia, pois a árvore era mesmo a do conhecimento do bem e do mal. A mentira estava na parte em que ela disse que não morreriam.

Agora estava fácil para o inimigo vencer a luta. A serpente partiu para o primeiro golpe, o desejo de agradar a carne. A mulher olhou e viu que o fruto era bom para se comer, ou seja, viu que agradaria ao seu corpo, seu paladar. A serpente não parou. Quando viu sua vítima cambaleando, aplicou o segundo golpe, o desejo de agradar aos olhos. Eva viu que a árvore era agradável aos olhos. Por que durante tanto tempo a revista *Playboy* fez tanto sucesso? Por que se vende tantos produtos de beleza? Agora a mulher estava entregue, com os braços totalmente para baixo e visão turva, recebendo o golpe fatal, o da soberba. Ela viu que árvore era desejável para dar entendimento. A serpente havia dito que ela seria igual a Deus, ou seja, teria poder, e isso mexe com a mente humana

A dúvida! É, certamente, isso que nos faz baixar a guarda. Será que Deus realmente nos ouve? Será que Ele pode estar em todos os lugares? Será que Ele existe? Será que é bom? Será que existe o céu, ou depois que morrermos tudo acaba?

Essas são dúvidas que o inimigo tenta plantar em nossas mentes para diminuir a nossa fé e baixar a nossa guarda. Quando estamos com a fé abalada, ou seja, com a guarda baixa, ele nos ataca cruelmente oferecendo coisas que nos enfraquecem, com pensamentos maus e tentações que nos levam ao pecado, e nos joga na lona. Ele conhece os nossos pontos fracos e assim como um lutador estuda o adversário, ele também mapeia a nossa vida, sabendo onde pode nos atingir, se nas drogas, na prostituição, no adultério, na soberba, na mentira ou em qualquer outra área que sabe que não vamos resistir. Quando somos atingidos por um golpe desses fica difícil de levantar porque, muitas vezes, estamos fracos, sem disposição e com a fé completamente abalada. Por que vamos levantar sabendo que vamos cair de novo? Isso é o que ele quer que pensemos.

A grande diferença é que na luta pela vida o juiz está a nosso favor. Quando estamos no chão, Ele nos incentiva a levantar e a confiar Nele, precisamos estar atentos à Sua voz. O barulho dos espectadores não pode nos impedir de ouvir a voz do juiz que está dizendo para levantarmos e que se ficarmos de pé Ele nos ajudará a vencer.

Levante-se e erga a sua guarda, tenha fé em Deus, porque se você estiver de pé e com a guarda erguida, ou seja, confiante em Deus, poderá ouvir a voz do juiz em seu ouvido dando dicas de como nocautear seu adversário.

As dificuldades nos ensinam a lutar. Enquanto estou escrevendo este livro o mundo está passando por uma pandemia por causa de uma doença chamada Covid-19, provocada por um vírus conhecido por coronavírus. Ele ataca o sistema respiratório e deixa as pessoas com dificuldade de respirar; elas buscam o ar, mas não encontram. A doença teve início em uma cidade chamada Wuhan, na China, mas por causa da globalização, rapidamente se espalhou pelo mundo, levando pânico a todos os países. Apesar de ser parecida com uma gripe, ela pode ser fatal para pessoas de idade mais avançadas, com baixa imunidade ou que tenham problemas respiratórios.

Por causa desse vírus e de sua rápida disseminação e alta transmissibilidade, as autoridades sanitárias e governamentais instituíram, na maioria dos países, um isolamento social no qual todos devem ficar em casa, mantendo em operação somente os serviços de extrema necessidade, obviamente, entre eles, os atendimentos médicos. Essa decisão está provocando muitos desempregos e falências de empresas, porém a doença provoca a morte de milhares de pessoas e, infelizmente, não há uma forma mais eficaz de conter a transmissão da doença do que o distanciamento entre as pessoas.

Muitos são contra o isolamento pensando na economia do país e no sofrimento dos que estão sendo atingidos pelas decisões tomadas pelas autoridades; outros a favor, querendo regras mais rígidas, pensando nas possíveis mortes e nas pessoas que estão na linha de frente, colocando a própria vida em risco.

A morte é algo irreversível, trazendo sofrimento e tristeza para as famílias das vítimas, e é nisso que devemos nos concentrar, na valorização da vida. Por outro lado, como superar o problema econômico e financeiro depois dessa pandemia, como os desempregados vão se alimentar e como o sistema público irá suportar tamanho transtorno na cadeia produtiva? Ainda não sabemos como, mas sabemos que vamos superar e que depois que passar tudo isso seremos, com certeza, muito mais resilientes e unidos. Foi assim em diversos países que enfrentaram problemas desse tipo e outras tragédias. Esses países se levantaram e ficaram mais fortes.

O mundo superou a peste bubônica, que dizimou um terço da Europa; a gripe espanhola, que aconteceu no início do século XX e atingiu praticamente um quarto da população mundial; o Japão se tornou uma grande nação após ser covardemente atingido por duas bombas atômicas; a cidade de Jerusalém foi destruída dezenas de vezes e permanece linda e recebendo a cada ano mais turistas e imigrantes. Nós vamos superar essa crise e, com certeza, sairemos mais fortes.

A questão que fica com um grande ponto de interrogação é sobre as pessoas que morreram. Como fica agora? Por isso a necessidade de se tomar as medidas duras para evitarmos um maior número de mortos. Se pelo menos essas pessoas tivessem um verdadeiro encontro com Deus e entregassem a sua vida a Jesus, elas iriam com vida para a eternidade, mas sabemos que em muitos casos isso não acontece.

As minhas dificuldades me ajudaram a me tornar mais forte, emocional e mentalmente. Eu gostaria de dizer àqueles meninos da minha infância que a cada risada, a cada apelido e a cada desprezo, eles estavam assentando um tijolo a minha volta, cujo resultado é um muro inabalável, cheio de imperfeições, é verdade, mas difícil de ser derrubado. Não me lembro do nome da maioria deles – ficou no esquecimento – e não sei como estão hoje, espero que bem. Graças a eles eu aprendi a não desviar mais das pedras e, sim, tentar pegá-las, pois, enquanto as atiram em mim, eu posso construir com elas um degrau a mais para subir.

Infelizmente, o que aconteceu comigo não é o que acontece com a maioria das crianças que sofrem com as zombarias. Muitas delas se fecham e se mantêm no deserto, e os traumas causados pelos constantes menosprezos deixam sequelas inevitáveis. Os ataques moral e mental que elas recebem agem de forma violenta, prendendo-as em uma redoma de tristeza e baixa autoestima.

Se você, que está lendo este livro, é pai ou mãe, abra os seus olhos e fale com seus filhos sempre, e se preocupe não só com eles, mas com os filhos dos outros também. Muitos pais se atentam para que seus filhos não recebam esses ataques, porém não se preocupam se estão atacando outras crianças. Precisamos ensinar nossos filhos a respeitar o próximo.

Agora, se você está sofrendo porque seu filho está sendo vítima desses ataques morais, dê a ele todo apoio possível, ensine-o a ser forte e a usar os ataques a favor dele.

Capítulo 22

A escola do deserto é, sem dúvida, muito eficiente. Muitos entram nela inseguros, com receio, angustiados; outros entram até sem querer, sem imaginar o que lhes esperam, ou sabendo de tudo que vão enfrentar, mas não conseguem evitar sua passagem por lá. É uma escola dura, cheia de desafios, e chegar do outro lado é quase inimaginável, porém, aos que se formam, é dada a resistência, a sabedoria e a certeza de que tudo valeu a pena, porque depois de um grande deserto sempre vem uma grande benção.

Foi assim com o povo de Deus, é assim com quem dá duro no trabalho para conquistar seus objetivos, com quem se dedica aos estudos. Nós temos uma grande benção esperando por nós na eternidade e a vida é um deserto que nos leva até lá. Precisamos confiar mais e resistir até o fim. Se você passa por problemas e acha que está muito difícil prosseguir, persevere e tente um pouco mais, você vai chegar!

Paulo escreveu aos romanos dizendo que estava absolutamente convencido de que as aflições do tempo presente não se comparam com a glória que em nós há de ser revelada (Rm 8:18). Sabe o que isso significa? Significa que, quando estivermos formados pela escola chamada deserto e pegarmos o nosso diploma que nos credencia para a vida eterna, não importará o que quer que seja que tenhamos passado, o que vai importar realmente é a condição de imortalidade que alcançaremos, e isso não virá das notas que tirarmos, se sofremos menos ou mais. O que vale é a nossa fé e a perseverança em permanecer na graça de Deus que em nós foi revelada.

O deserto foi o lugar que Deus escolheu para ensinar o Seu povo, ou seja, o projeto de Deus para a reconciliação após o pecado foi no deserto. Poderia ser em qualquer outro lugar. O mundo tem lugares fantásticos e maravilhosos criados pelo próprio Deus, lugares chamados pela humanidade de "paraíso".

Acontece que o verdadeiro paraíso está separado para aqueles que amam a Deus e que valorizam a graça que Ele nos concedeu. Aqui na Terra nós precisamos aprender sobre o amor de Deus e decidir se queremos estar com Ele na eternidade, e para isso não há lugar melhor que o deserto, pois nos momentos de sofrimento e dificuldade é que aprendemos e conseguimos enxergar nossas falhas a tempo de corrigi-las. É nas dificuldades que nos fortalecemos.

As derrotas nos ensinam mais do que as vitórias. O gosto da vitória é indescritível, porém passageiro. É um momento em que nos alegramos sobremaneira, mas que esconde os problemas que deveriam ser corrigidos.

Lembro-me da Copa do Mundo de Futebol de 1994, em que a seleção brasileira sagrou-se campeã. O que fica é a alegria que tomou conta de todos nós quando o italiano chutou o último pênalti para fora. Naquele momento, o Brasil sagrou-se tetracampeão e era isso que importava, mas lembrando o que aconteceu durante as eliminatórias e depois, durante o torneio em si, o Brasil não tinha a confiança da imprensa, nem da sua torcida. Muitos eram os problemas e as críticas contra jogadores e comissão técnica eram severas. Time "retranqueiro", sem criatividade, desunido, cheio de falhas e problemas, o que o impediria de ser campeão.

Fase a fase, jogo a jogo, o Brasil foi avançando sem brilho, aos trancos e barrancos, vitórias magras, apertadas, algumas vezes nos pênaltis, outras com gol milagroso nos últimos minutos; entretanto, o que ficou foi a última imagem, a do pênalti perdido pelos adversários e o troféu de campeão. Pronto, foi um grande time liderado por um técnico sensato e uma dupla de ataque entrosada e infalível, formada por Bebeto e Romário. Mas e todos aqueles problemas, as duras críticas? Ficaram no passado, fomos campeões.

Eu imaginava que na entrevista após o jogo final, ainda no estádio, o técnico Parreira fosse desabafar, perguntar pelas críticas, esfregar o troféu na cara dos cronistas esportivos, mas não, o que ele fez foi num gesto de humildade, dizer que aquele troféu pertencia a todos nós.

Se o Brasil tivesse perdido aquela Copa, muitas coisas mudariam e muitos problemas seriam corrigidos, mas não, o Brasil venceu, então de que importa a retranca, as brigas, as vaidades que interferem no grupo? Coisas que afetam nossa seleção até hoje. O Brasil passou a depender de destaques individuais porque nunca mais se consolidou como equipe, o que sempre foi seu forte mesmo tendo grandes valores individuais. Mesmo na época de Pelé, que era um fator de desequilíbrio para os adversários, o Brasil formava uma grande equipe. Na época de Zico, outro ponto fora da curva, o Brasil tinha um time maravilhoso, mas por não ter conquistado a taça, ficou com as críticas e a decepção de todos.

Voltando a citar a Bíblia Sagrada, até o profeta Elias passou por um grande deserto. Lembram-se dele? Aquele que foi elevado aos céus no redemoinho formado por uma carruagem de fogo e sumiu, e só reapareceu centenas de anos depois, ao lado de Moisés, quando Jesus subiu a um alto monte para orar, acompanhado de Pedro, Tiago e João (Mt 17:1).

Elias operou um dos maiores milagres entre os já vistos, ressuscitando o filho de uma viúva. Quando voltou para Israel, desafiou os profetas de Baal no monte Carmelo, vencendo o desafio e mostrando que o Senhor é o único e verdadeiro Deus. Mas antes dos milagres, Elias agonizou no deserto, quando se viu obrigado a se ausentar de Israel por aproximadamente três anos, foi alimentado por corvos, acampou ao lado de um ribeiro, que secou depois de alguns dias, o que o fez partir para Sarepta, na Fenícia, entre Tiro e Sidom, terra de inimigos, onde encontrou a viúva totalmente em desespero, morando com seu único filho, sem comida, esperando a morte, e, mesmo assim, Elias se hospedou com ela (1Re 17).

O apóstolo Paulo, maior testemunho de que Jesus pode transformar vidas em qualquer circunstância, após ter um encontro com Jesus ficou cego e só voltou a enxergar após receber uma oração por parte de Ananias, homem que, provavelmente, estava na lista dos que seriam torturados por ele. Antes de voltar a Jerusalém, após sua conversão, Paulo ficou três anos entre o deserto da Arábia e Damasco. Ele desprezado e rejeitado por cristãos, perseguido pelos judeus, sofreu naufrágios, foi açoitado várias vezes, picado por serpente, aprisionado, apedrejado e, ao final da vida, assassinado. Paulo sofreu na escola chamada deserto por amor a Cristo.

É isso! Paulo fez tudo para cumprir seu propósito por amor a Cristo. Precisamos ter um objetivo para atravessar o deserto, algo que nos motive a chegar do outro lado. Um homem, quando não tem um objetivo na vida, acaba desanimando e desistindo dela.

Lembrei-me de uma história que ouvi há muitos anos de um povo que vivia em uma aldeia próxima a um vulcão. Certo dia, os moradores perceberam que o vulcão estava em erupção e ficaram todos em pânico. Muitas famílias decidiram fugir ao ver a grande montanha cuspindo fogo e derramando sua lava quente a uma velocidade espantosa.

Entre os que fugiam havia um idoso, que desistiu e sentou-se ao pé de uma árvore. Seu filho voltou e implorou para que buscasse forças e continuasse a correr, mas seu pai estava muito velho, cansado e totalmente desmotivado. Disse o idoso: "Filho, já estou muito velho e cansado, já vivi o bastante, e se for com vocês, receio que só vou atrapalhar. Por isso, fuja com sua família enquanto vocês têm vigor e muito tempo pela frente e deixe que eu morra sem pesar para vocês". O rapaz, então, pegou seu filho de seis meses de vida e o colocou nos braços do avô e disse: "Pai, você tem razão, é melhor que fique mesmo. Por isso, deixarei com você o seu neto, porque ele também vai nos atrapalhar a correr".

O moço disse isso e correu. Quando percebeu, seu pai corria com o neto no colo com uma indescritível disposição, deixando todos para trás. O que aquele velho precisava era de um motivo, de um objetivo para correr, e se sua vida já não lhe dava essa motivação, aquela criança foi o que ele precisou para encontrar forças.

Precisamos buscar uma motivação, o segredo é ter um objetivo. O que você está passando pode ser duro e desanimador, mas lembre-se: temos um objetivo, que é viver, e viver eternamente. Se você se lembrar disso encontrará forças para atravessar o deserto. A vida é curta para o nosso corpo, mas nosso espírito pode existir para sempre em um novo corpo celestial e eterno. Vamos!!! Encare esse deserto e deixe-o para trás. Supere suas dificuldades porque, lá no final, temos um encontro marcado com o Criador. Deus te dará forças para vencer as batalhas que surgirem porque Ele quer se encontrar com você.

grupo novo século

Compartilhando propósitos e conectando pessoas
Visite nosso site e fique por dentro dos nossos lançamentos:
www.gruponovoseculo.com.br

Ágape

(f) Editora Ágape
(©) @agape_editora
(y) @editoraagape
(▶) editoraagape

Edição: 1ª
Fonte: Bembo Std

agape.com.br